FOREX

Devisenhandel leicht gemacht

Die besten Strategien der Experten für erfolgreiches Handeln an der Börse - Wie Sie die Trading Psychologie für sich nutzen und ganz einfach profitabel traden

INHALT

Wie alles begann

Gehandelt wurde schon immer. Während frühe Handelsreisende ihre Waren getauscht haben – Münzen gegen Gewürze, Gold gegen Tee, Fleisch gegen Fisch – hat man im antiken Griechenland bereits mit Devisen gehandelt. Die Händler, meist aus dem Nahen Osten, tauschten ihre Landeswährungen um, sodass sie die Waren der Europäer kaufen konnten und umgekehrt genauso. Der Devisenmarkt war damals noch sehr einfach konzipiert und der Wert basierte im Wesentlichen auf Material und Gewicht der Währung. Ziemlich genau mit dem Beginn des 20. Jahrhunderts etablierte sich eine Verwaltungsart, mit der es auch möglich wurde, Auslandskonten zu eröffnen und somit über andere Währungsarten verfügen zu können.

Die kleine Nachrichtenagentur, die von Mr. Dow, Mr. Jones und Mr. Bergstresser gegründet wurde, verfügte über ein kleines Analystenteam, welches sie in ihrem Haus an der Wall Street unterbrachte. Im Jahre 1889 druckte die Agentur ihre erste Auflage einer Finanzzeitung. Das bekannte „The Wall Street Journal" war der Startschuss für den Dow-Jones-Index. Während dieser Zeit konnte jedoch nur auf steigende Kurse gehandelt werden. Damals gab es keine andere Option, den Verlust seiner Aktien oder Wertpapiere zu minimieren, als die, diese zu verkaufen. Mit dem Verkauf versuchte man, weitere Verluste einzudämmen. 100 Jahre später sieht die Welt anders aus und Forex-Trader auf der ganzen Welt nutzen das Shorten (Verkaufen) nun auch dazu, um damit Gewinne zu erzielen. Finanzkrisen stürzen einen Forex-Trader nicht gleich in die Verzweiflung, er verkauft einfach und ermöglicht sich hiermit sogar noch Gewinne.

Erst gegen Ende des 19. Jahrhunderts etablierte sich eine Verwaltungsart, mit der es auch möglich wurde, ein Konto im Ausland zu eröffnen und somit über eine andere Währung als die eigene verfügen zu können. Erst mit dem am 23.07.1944 in den USA geschlossenen Bertton-Woods-Abkommen und der Weltbank konnten internationale Währungsfonds eingerichtet werden. Die Bundesrepublik Deutschland ist dem Verbund 1952 beigetreten. Feste Wechselkurse etablierten sich bereits während des Zweiten Weltkrieges. Zunächst gestaltete es sich so, dass die Zentralbanken sich darauf geeinigt hatten, bei starken Kursschwankungen einzugreifen. Nach und nach jedoch wurden diese Beschränkungen aufgehoben und heute fallen und steigen die Kurse völlig frei. Dennoch kommt es vor, dass ein Staat oder dessen Zentralbank bei zu starken Schwankungen eingreift, um evtl. Kursrückgänge zu vermeiden und diese wieder auszugleichen.

Was ist Forex?

Der Begriff Forex (FX) stammt aus dem Englischen und steht für Foreign Exchange-Market. Also ein Devisenmarkt, welcher auch als FX-Markt oder Währungsmarkt bezeichnet wird. Beim Trading mit Forex werden immer zwei unterschiedliche Währungen gehandelt. Wird eine Währung gekauft, resultiert daraus gleichzeitig der Verkauf einer anderen Währung. Weil die Währungen immer paarweise gehandelt werden, spricht man auch von Währungspaaren.

Die Händler auf einem Devisenmarkt nennt man auch Trader. Diese kaufen und verkaufen ihre Devisen auf den dafür vorgesehenen Online-Marktplätzen. In diesem Fall dem Forex Exchange-Markt, der weltweit der größte Finanzmarkt ist. Tagtäglich werden auf dem Forex-Markt über 5 Billionen US-Dollar umgesetzt.

Ein vielversprechender Markt also, von dem sich viele Trader das große Geld erhoffen und entsprechend viele Anhänger gibt es.

Vergleichbar ist das Prinzip wie ein Währungstausch in Ihrem Urlaubsland. Der Kurs der jeweiligen Landeswährung wird anhand des täglichen Wechselkurses ermittelt. Sie tauschen Ihren Euro in die Landeswährung um, erhalten dafür den Tageskurs, der einmal besser und einmal schlechter ausfallen kann, und können, zurück in Deutschland, die Urlaubswährung in Euro zurücktauschen – ebenfalls zum Tageskurs. Je nach Kurs profitieren Sie dann ein wenig davon oder Sie erleiden einen Verlust. Es lohnt sich also, den Tageskurs im Auge zu behalten, bevor Sie zurücktauschen.

Genauso funktioniert der Devisenmarkt.

Sie kaufen, verkaufen und erzielen bestenfalls Gewinne. Ein Trader muss jedoch auch immer den Verlust in Betracht ziehen, damit rechnen und diesen auch verkraften können.

Mit dem Trading nutzen Sie die Schwankungen der Finanzmärkte, um damit Profit zu erzielen. Diese Schwankungen nennt man Volatilität. Sie bezeichnen den Zeitablauf für die Marktteilnehmer, welche durchaus ein

Kursrisiko bei Finanzprodukten beinhalten können. Die Volatilität ist sozusagen das Maß für die Schwankungen am Markt.

Prinzipiell ist der Forex-Markt eine riesige Tauschbörse. Der jeweilige Devisenkurs gibt Aufschluss darüber, was Sie für Ihren Euro an Fremdwährung erhalten. Derweilen schwankt der Kurs ständig weiter. Im Moment könnte er Ihnen 1,20 Euro bringen, morgen 1,21 Euro. Diese Veränderung mag keinen besonders großen Eindruck bei Ihnen hinterlassen, aber was passiert bei größeren Maßstäben? Stellen Sie sich vor, ein großes, international tätiges Unternehmen bezahlt seine Mitarbeiter im Ausland. Schon kleinste Veränderungen können hier einen gewaltigen Unterschied bei den Gehaltsauszahlungen machen, wenn eine Währung in die andere gewechselt werden muss. Da können geringe Beträge zu einer gewaltigen Gewichtigkeit werden und der Geschäftsinhaber wird immer bestrebt in seinem Ziel sein, den günstigsten Devisenkurs zu erhalten. Genauso handhaben Sie es beim Wechselkurs in Ihrem Urlaubsland.

Wie funktioniert Forex?

Forex ist ein Währungshandel, bei dem Unternehmen und Privatkunden weltweit Währungen tauschen (traden). Die erste Währung nennt man die **Basiswährung** und die zweite Währung ist die **Kurswährung**.

Der Trader spekuliert auf die Veränderung des Kurses zu seinen Gunsten. Hierzu sucht er sich ein Währungspaar aus, z. B. Euro und US-Dollar, welches ein beliebtes Währungspaar ist.

Nimmt der Trader nun an, dass der Euro gegenüber dem Dollar steigen wird, wählt er **Long**, nimmt er hingegen an, dass der Euro gegenüber dem Dollar verlieren wird, wählt er **Short.**

Dabei steht die Basiswährung, in diesem Fall der Euro, auf der linken Seite und die entsprechende Kurswährung, der Dollar, gegenüber auf der rechten Seite.

Wenn nun der Euro/Dollar Kurs steigt, wird der Euro gegenüber dem Dollar stärker. Wenn er fällt, wird er gegenüber dem Dollar schwächer.

Während bei Long-Positionen auf ansteigende und bei Short-Positionen auf abfallende Kurse der Fremdwährung spekuliert wird, gibt es noch den Unterschied bei den Finanzierungskosten zu beachten. Diese werden von den Forex-Brokern in Rechnung gestellt.

In der Long-Position werden dem Trader in der Regel Zinsen gutgeschrieben, in einer Short-Position fallen gegenüber dem CFD-Broker Finanzierungszinsen an. Mit dem sogenannten Hebel (Leverage) hat der Händler beim Forex die Möglichkeit, per CFD zu traden. Beim CFD hinterlegt der Trader lediglich eine Sicherheitsleistung für den am Markt bewegten Wert, handelt jedoch mit dem gesamten Volumen. Die Differenz leiht ihm der Broker. Zu den CFDs erhalten Sie noch eingehende Informationen.

WIE BAUT MAN DIE POSITIONEN AUF?

Sie wissen nun von den Long- und den Short-Positionen, doch wie baut man diese auf?

Sie möchten nun auf den steigenden Wert einer Fremdwährung spekulieren (Long-Position) und kaufen 50,000 US-Dollar zum Kurs von 1,1256 Dollar gegenüber dem Euro ein. Der Gegenwert liegt in diesem Fall bei 44.420 Euro. Nun werden 50.000 US-Dollar auf Ihrem Handelskonto als Long-Position verbucht. Damit können Sie nun handeln, entweder verkaufen Sie den gesamten Bestand oder auch nur einen Teil davon. Die Long-Position bauen Sie also ab, indem Sie eine Kauforder über den US-Dollar abgeben.

Bei der Short-Position müssen Sie eine sich nicht in Ihrem Bestand befindliche Währung via Verkaufsorder verkaufen.

Um die Short-Position wieder aufzulösen, müssen Sie die von Ihnen gewählte Währung nun gegen Euro kaufen. Auch hier haben Sie die Möglichkeit, den gesamten Bestand oder nur einen Teil auszugleichen.

Die Handelsrichtung bestimmt also die Benennung, ob es sich um eine Short- oder Long-Position handelt. Fremdwährung kaufen = Long-Position. Kaufen Sie eine Fremdwährung ohne Bestand (Leer-Kauf) = Short-Position. Viele Anleger wissen oft gar nicht, ob es sich bei Ihren getätigten Aufträgen um eine Long- oder Short-Position handelt, wichtig ist für sie nicht der technische Begriff, sondern lediglich, dass der Devisenhandel Kursgewinne erzielt hat.

Im Devisenhandel wird darauf spekuliert, dass eine Währung aus dem gewählten Paar stärker oder schwächer wird. Anhand des Beispiels Euro/Dollar:

Wenn Sie davon ausgehen, dass der Euro Aufwind bekommt und dem Dollar nun im Kurs höher gegenübersteht, so kaufen Sie Euro/Dollar. Nehmen Sie an, der Euro wird schwächer, dann verkaufen Sie den Euro/Dollar.

Wer auf Trading setzt, der handelt mit Spekulationen, dessen sollten Sie sich bewusst sein. Ein Trader versucht, vorherzusehen, wie der Markt sich entwickelt und diese Entwicklung dann zu seinem Vorteil zu nutzen. Er kauft also Aktien oder Wertpapiere zu einem ihm akzeptablen Kurs und verkauft Sie dann schnell wieder weiter. Es geht dem Trader nicht darum, langfristig in ein Unternehmen zu investieren oder an dessen Prozess teilzuhaben. Ihm geht es darum, den Zeitablauf zu nutzen und gewinnbringend weiterzuverkaufen. Er nutzt das Zeitfenster der Kursschwankungen, um somit möglichst hohe Renditen/Returns einzuholen. Der kurzfristige Kauf und Verkauf von Finanzinstrumenten werden als Trading bezeichnet. Wenn Sie Trader werden, handeln Sie mit Währungen, Wertpapieren, Aktien, Rohstoff-Zertifikaten oder Differenzkontrakten, den sogenannten CFDs = Contract for difference.

Trader beobachten den Markt sehr genau und versuchen, im richtigen Moment zu kaufen und zu verkaufen. Da niemand den Kurs voraussagen kann, ist alles reine Spekulation. Bestenfalls kann man erfolgreichen Tradern Erfahrung und ein gewisses Gespür für ein lukratives Geschäft nachsagen. Wenn Sie als Beginner in den Online-Handel einsteigen, gehört sicherlich auch eine Portion Glück dazu, denn gerade am Anfang muss man sich erst einmal zurechtfinden, sich mit den Märkten auseinandersetzen und dieses gewisse Feingefühl entwickeln. Aktien steigen und fallen auch wieder, das ist bekannt und vielen Tradern scheint das zu langweilig und im Vergleich mit anderen Anlageprodukten zu wenig lukrativ zu sein und so erscheinen den Händlern CFDs oft spannender und interessanter. Der Trader schließt einen Vertrag mit einem Broker. Hierbei sichert die eine Partei der jeweils anderen zu, die Differenz aus der Schwankung zu bezahlen. D. h. die Differenz aus dem aktuellen Wert und dem zukünftigen Wert eines Kurses, daher der Name: Differenzkontrakt. Man kann das im Grunde mit einer Wette in einem Wettbüro vergleichen. Forex-Trading bietet eine Alternative zum herkömmlichen Aktienhandel, bei der relevant ist, wie sich zwei Währungen zueinander verhalten. Beide Finanzinstrumente bieten, bei verhältnismäßig niedrigem Einsatz, hohe Gewinne, aber auch Verluste. Der Trader investiert eine kleine Summe X seines Eigenkapitals, den Rest bekommt er vom Broker geliehen. Je nach Kursschwankung profitiert nun der Trader von dieser, haftet jedoch andererseits auch dafür. Diese Praktik nennt man Hebel und mit gehebelten Finanzprodukten kann man sehr gewinnen, aber auch genauso viel dabei verlieren.

Den meisten Tradern dürfte es völlig egal sein, in welche Unternehmung sie ihr Geld investieren. Hauptsache, der zeitlich sehr überschaubare Return stimmt. Dies geschieht oft innerhalb eines Tages. Morgens kaufen und spätestens abends wiederverkaufen oder gleich mehrfach kaufen/verkaufen, das nennt man Intraday-Handel. Abzüglich der Transaktionskosten für z. B. den Broker entsteht durch die Wertdifferenz der Gewinn des Traders.

Forex ist demnach eine sehr kurzfristige Anlageform, die sich speziell in Zeiten des Online-Handels sehr etabliert hat und ein beliebtes Anlageprinzip geworden ist. Benutzerfreundliche Plattformen mit einfach zu bedienenden Online-Depots, machen es auch für Einsteiger sehr leicht zu handeln und Aktien und Wertpapiere zu kaufen und zu verkaufen. Jedoch müssen Anfänger so Einiges beachten und sollten sich nicht vom schnellen Geld blenden lassen. Zwar ist es mit Trading leicht möglich, einen hohen Gewinn zu erzielen, für den man vergleichsweise wenig tun muss, aber auskennen sollte man sich schon und zwingend über ein paar Kenntnisse verfügen und nicht übereifrig an die Sache herangehen.

Die hohe Liquidität am Forex Markt hat dieser demnach wohl durch seine internationale Plattform erhalten und konnte sich so entsprechend schnell verbreiten. Überall auf der Welt finden Trader einen einfachen Zugang zum Forex-Markt. Die Globalisierung sorgte dafür, dass immer mehr Investoren nach neuen Investitionsmöglichkeiten suchen und der Handel überall auf der Welt wird angestrebt. Mit dem Resultat, dass an einem Tag am Forex-Markt mehr Geld umgesetzt wird, als Japan im ganzen Jahr erwirtschaftet. Das ist eine Hausnummer, wo doch Japan eine der größten Volkswirtschaften der Welt ist.

WER KANN MIT FOREX HANDELN?

Prinzipiell jeder. In welchem Winkel der Welt Sie sich auch aufhalten, jeder der über Internet und ein Konto verfügt, kann den Handel mit Devisen vollziehen. Aktienkauf per Mausklick. Ab sofort können Sie quasi im Minutentakt Aktien kaufen und zum Zeitpunkt Ihrer Wahl wiederverkaufen, oft passiert das innerhalb weniger Sekunden. Vorbei sind die Zeiten, in denen Privatanleger zu Ihrer Bank gehen oder einen Kauf / Verkauf auf dem Postweg erledigen mussten. Mit Ihrem Online-Trading-Konto verfügen Sie über alles, was Sie für Ihren Devisenmarkt benötigen – ein Computer und eine stabile Internetverbindung und schon sind Sie im Geschäft. Auch Trading-Apps haben sich mittlerweile Einige am Markt etabliert. So können Sie dort meist eine Chat-Funktion nutzen oder Einzahlungen via Video-Call vornehmen. Mobilität ist bei Tradern sehr gefragt. Der größte Kick der Trader ist die oben beschriebene Volatilität, die Schwankung des Kurses. Je höher die Schwankung, desto größer ist die Gewinn- aber auch die Verlustchance der Händler. Ein stagnierender, gleichbleibender Kurs mit geringer Volatilität verschlechtert die Aussichten auf große Profite maßgebend.

WIE SIND DIE HANDELSZEITEN?

Der Online Markt ist täglich 24 Stunden geöffnet und lediglich an den Wochenenden bleibt die Handelsbörse geschlossen. Während die Öffnungszeiten für den Handel mit Aktien an die örtlichen Öffnungszeiten gebunden sind, können die Trader rund um die Uhr spekulieren, das ist ein beeindruckendes Zeitfenster und bietet den Marktteilnehmern viele Möglichkeiten. So kann der Forex-Trader auch noch nach Börsenschluss handeln und auf entsprechende Schwankungen reagieren, da er auf die Öffnungszeiten der vier Haupthandelsbörsen zugreifen kann. Bedingt durch die Zeitverschiebungen eröffnet sich dem Trader ein 24-stündiges Handelsfenster. Die vier Hauptbörsen sind: New York, London, Sydney und Tokio.

Für den in Deutschland ansässigen Trader bedeutet dies eine mögliche Handelszeit von 22.00 Uhr am Sonntag bis 23.00 Uhr am Freitag. Zwischen

13.00 Uhr und 17.00 Uhr kristallisiert sich an den Wochentagen eine besonders gute Handelszeit heraus. Zu diesem Zeitpunkt sind die Börsen der USA und Europa gleichzeitig geöffnet. Die Haupthandelszeiten für die Märkte sind:

Sydney: GMT +1
Tokio: GMT +9
New York: GMT -4
London: GMT +1

Weil alle Marktteilnehmer beim Forex alle Währungskonvertierungen und den Währungstausch weltweit quasi jederzeit vornehmen können Welt, gibt keinen Ort mit einer physischen Adresse gibt, macht dieser Aspekt das Forex-Geschäft zu einer unabhängigen und immer zugreifbaren Handelsfläche. Der Internetbankhandel wird im englischen Sprachgebrauch OTC genannt (over the counter), weil der Verkauf quasi über den Tresen und nicht durch eine Börse abgeschlossen wird. Der Forex-Handel mit seinen Geldströmen fließt digital über Computernetzwerke in verschiedene Handelssysteme.

Auch an den Devisenmärkten herrschen Feiertag und ein Wochenende. Berücksichtigen Sie dies bei Ihrer Planung. In der Winterzeit ist die Haupthandelszeit am Devisenmarkt sonntags 22:00 Uhr bis freitags 23:00 Uhr. In der Sommerzeit verschiebt sich diese Zeit um die eine Stunde. Die Handelsstunden orientieren sich hierbei an den Arbeitszeiten der Banken und Broker, welche den Währungstausch abwickeln.

Die Akteure auf dem Devisenmarkt, die Marktteilnehmer, lassen sich in einige Kategorien einordnen:

- Reisende, die das Geld für Ihren Auslandsaufenthalt tauschen.
- Grenzüberschreitende Händler, die Waren aus dem Ausland beziehen.
- Unternehmen, die Ware aus dem Ausland beziehen und die eigene Währung in die jeweilige Landeswährung tauschen müssen.

- Anleger und Spekulanten
- Banken und Finanzinstitute, die Fremdwährungen für ihre Kunden brauchen oder die Kredite an Kunden im Ausland vergeben.
- Notenbanken und Regierungen, die Devisen kaufen oder verkaufen, um ein Ungleichgewicht zu korrigieren und die Wirtschaft damit in Schwung zu halten. Forex offeriert den Tradern hohe Gewinnchancen. Da der Devisenhandel jedoch grundlegende Kenntnisse erfordert, eignet er sich nicht für Anfänger.

Die hohen Risiken beim Forex-Trading sind jedoch nicht zu verachten und Laien ist vom Handel auf einem Exchange-Markt unbedingt abzuraten.

DRINGEND ZU BEACHTEN:

Als Forex-Trader müssen Sie unter anderem auch noch beachten, dass, wenn der Euro schwächelt, dieser Umstand dann dafür sorgt, dass der Eurokurs dann auch allen anderen Währungen gegenüber schwächer ist. Wenn Sie nun Devisen in unterschiedlichen Währungen gekauft haben, müssen Sie hier überall mit Verlusten rechnen und diese einkalkulieren. Verspekulieren Sie sich nicht. Forex-Trading ist hochspekulativ. Gleiches gilt für CFDs, daher sind Letztere in den USA auch verboten.

Trader mit einem guten Spürsinn und entsprechender Erfahrung können durchaus sehr gut von ihrem Job als Spekulant leben. Aber mal ganz ehrlich – für die meisten Händler sieht die Realität ganz anders aus. Day-Trading übt auf viele Neulinge eine Faszination aus, aber gerade hier werden die wenigsten Trader erfolgreich sein. Hier sind die Gewinner meist die Broker, denn diese verlangen für jede durchgeführte Transaktion natürlich eine Trade-Gebühr.

Der Job eines professionellen Traders ist nicht weniger zeitintensiv als ein regulärer, herkömmlicher Job. Trading findet nicht einfach so nebenbei statt. Es bedarf intensiver Einarbeitung, stundenlangem Analysieren der Kursverläufe und nicht zuletzt der Überlegung, für welche Währungsvariante man sich entscheidet. Es erfordert Wissen und Marktkenntnis und bietet schlussendlich dennoch kein sicheres Einkommen. Alles ist Spekulation. Ein professioneller Einstieg muss diesbezüglich sehr gut überlegt sein. Das eingesetzte Kapital sollte mindestens im unteren vierstelligen Bereich liegen, sonst ist dieses Geschäft, gekoppelt an den Zeitaufwand, wenig lohnend. Wählen Sie unbedingt einen bekannten und seriösen Partner bei der Wahl Ihrer Trading-Plattform und richten Sie sich ein Demokonto ein. Studieren Sie die Fachliteratur und üben, üben, üben Sie. Wenn Sie den ersten Schritt ins Live-Geschehen einer Online-Börse machen – dann setzen Sie nur Geld ein, welches Sie wirklich entbehren können. Setzen Sie sich Grenzen (Stop-Loss-Order) und gehen Sie nicht über diese hinaus. Sie können sonst sehr schnell, sehr hohe Verluste machen und am Ende noch auf einem Berg Schulden sitzen bleiben. Informieren Sie sich, lernen Sie und beginnen Sie vorsichtig.

Für viele Menschen ist der Forex-Markt sehr attraktiv und reizvoll. Der Ruf des Geldes ist verlockend und zudem ist der Markt spannend und interessant. Für die meisten ist der Faktor der finanziellen Unabhängigkeit wohl ausschlaggebend. Nicht jeder Forex-Trader erreicht dieses Ziel, aber offenkundig erhöhen sich die Chancen derer, die Zeit in ihre Ausbildung investieren und sich eingehend mit den Märkten befassen.

Die Leitbörsen und ihre wichtige Bedeutung

Welchen Einfluss haben die großen Leitbörsen auf die Finanzwelt? Der Handel ist ein komplexes Geschäft, was viel Aufmerksamkeit vom Trader erfordert. Nahezu jedes Land hat eine eigene Börse. Hier werden in der Regel Rohstoffe, Aktien, Wertpapiere und Währungen gehandelt. Beim Forex-Devisenhandel gibt es keine physische Börse, der Handel läuft ausschließlich über die Broker und der Markt wird rein über Internetbanken gehandelt. Als Leitbörsen bezeichnet man die wichtigsten Börsen der Welt, da diese auch eine globale Auswirkung haben. Die Preisentwicklung einer Leitbörse leitet die Entwicklung der anderen Börsen und beeinflusst diese. Damit ist die Definition Leitbörse auch sehr deutlich zu erkennen. Die wichtigste aller Börsen überhaupt ist die New York Stock Exchange, kurz NYSE, genannt.

Die Geschehnisse an der Wall Street haben auf alle Finanzmärkte der Welt einen maßgeblichen Einfluss. Fallen die Kurse in den USA, fallen diese auch mit großer Wahrscheinlichkeit an den Märkten in Asien, Südamerika und natürlich Europa. Das enorme Handelsvolumen der NYSE spielt dabei eine große Rolle, genauso wie die Tatsache, dass große Unternehmen an der Börse gelistet sind. Da diese Unternehmen international tätig sind und Ihre Handelsbeziehungen auf der ganzen Welt pflegen. Weiterhin sind an der Börse internationale Marktteilnehmer aktiv. All diese Faktoren machen sehr deutlich und nachvollziehbar, warum der Einfluss dieser Börse so gewaltig ist und das weit über die Grenzen Amerikas hinaus. Allerdings haben auch die kleineren Leitbörsen, die in den Ballungszentren der Welt anzutreffen sind, keinen geringeren Einfluss auf die Marktentwicklungen als die NYSE. Hierzu zählen auch die nachfolgenden Börsen:

London Stock Exchange / Frankfurt Wertpapierbörse und die Börse in Tokio (Japan Exchange Group)

Neben vielen weiteren Leitbörsen hat die Deutsche Börse nur einen 12. Platz eingenommen. Nichtsdestotrotz erfreut sich die deutsche Börse einem markanten Leitcharakter und findet durchaus internationale Bedeutung. Sehr stark sind auch die chinesischen Börsen. Neben der Tokio-Börse gelten sie ebenfalls als Leitbörsen für den asiatischen Raum mit globalen Auswirkungen.

Die New York Stock Exchange – die NYSE

Die New Yorker Börse ist DIE Weltbörse schlechthin. Mit ihrem enormen Einfluss ist sie die Welt-Leitbörse, die mit ihrem gigantischen Umsatzvolumen die Finanzmärkte der Welt dominiert. Bereits Ende des 17. Jahrhunderts wurden an der NYSE die ersten Wertpapiere und Aktien gehandelt. Seit dieser Zeit ging die Entwicklung stetig bergauf und heute ist die NYSE der bedeutendste Finanzmarkt der Welt. Neben der NYSE ist auch noch die NASDAQ, eine reine Technologiebörse, in New York ansässig. Den Marktteilnehmern wird (wie beim FX) durch die elektronische Kommunikation die Teilnahme am Handel ermöglicht.

Die Japan Exchange Group

Als der Zweite Weltkrieg vorbei war, machte Japan eine gigantische wirtschaftliche Entwicklung. Kein anderes asiatisches Land kam an den Börsenaufschwung Japans heran und so entwickelte es sich zur stärksten Handelsmacht in der Region. Natürlicherweise entwickelte sich die Börse in Tokio somit auch zu einem der stärksten Handelsplätze im globalen Finanzmarkt. In den Achtzigern war zwar der Gipfel des Wirtschaftsaufschwungs erreicht, jedoch war die Kursentwicklung der japanischen Unternehmen weiterhin rasant und positiv. Allerdings führte dieser Umstand zu einer Spekulationsblase und in den Neunzigern führte dies zu einer Rezession. Von diesen Folgen hat sich die japanische Wirtschaft bis heute nicht vollständig erholt.

Die Frankfurter Wertpapierbörse

Zwar gibt es in Deutschland neben dem Handelsplatz in Frankfurt noch weitere Handelsplätze, jedoch finden diese kaum eine Berichterstattung und werden eher selten erwähnt. Die wichtigste deutsche Börse steht in Frankfurt am Main, ist weltbekannt und wird gern auch als „Klein-Manhattan“ oder Mainhattan bezeichnet. Als Leitbörse findet sie internationale Bedeutung. Wenn man das Handelsvolumen der Frankfurter Börse betrachtet, ist dies auch nicht verwunderlich. Fast der gesamte Umsatz der deutschen Börsen ist der FWB zu verdanken. Nun wird deutlich, weshalb es keinen Vergleich zu den Handelsvolumen der anderen deutschen Börsen geben kann. Die FWB wurde bereits 1585 gegründet und befindet sich seit 1843 in dem Gebäude, indem sie auch heute noch beheimatet ist.

London Stock Exchange – LSE

Die Börse besteht seit 1698, wurde jedoch erst formell im Jahre 1801 gegründet. Seither hat sich auch die Börse der britischen Hauptstadt neben Frankfurt zu einem der wichtigsten Handelsplätze in Europa entwickelt. Zudem hat die LSE 2007 die einzige italienische Wertpapierbörse, die Borsa Italiana, übernommen und führt und kontrolliert diese nun. Der angestrebte Zusammenschluss der deutschen Börse und der LSE ist bisweilen gescheitert. Die EU-Kommission untersagte die Fusion bereits 2017. Es stellt sich nun die Frage, wie hoch die Bedeutung des großen Londoner Börsenbetreibers nach dem Brexit noch sein wird.

Die Shanghai Stock Exchange

Die Handelsplätze konnten in den letzten Jahren ein herausragendes Umsatzvolumen erzielen. Verantwortlich dafür ist vor allem die Tatsache, dass es ausländischen Investoren bis 2014 gar nicht erlaubt war, an den chinesischen Börsen zu handeln. Der Markt war rein, diese war nur inländischen Investoren vorbehalten. Da am Hongkong Stock Market – HKSE – auch chinesische Unternehmen gelistet sind, konnten ausländische Investoren ihre Geschäfte nur über die HKSE abwickeln. Mit der Öffnung 2014 hat die HKSE nun an Bedeutung verloren und die chinesischen Börsen gewinnen an Einfluss.

Der Australian Securities Exchange

Die wichtigste Handelsbörse Australiens ist in Sydney beheimatet und wurde erst 1987 gegründet. Da Australien über viele Rohstoffe verfügt, wird an dieser Börse entsprechend mit vielen Rohstoffen gehandelt, allen voran sind dort viele Bergbauunternehmen gelistet.

BM & FBOVESPA in São Paulo – Bovespa

Wenn auch die südamerikanischen Börsen im internationalen Vergleich nicht allzu große Bedeutung auf die Auswirkungen im globalen Finanzmarkt haben, so sollte man die südamerikanischen Volkswirtschaften dennoch nicht ignorieren. Die Länder sind aufstrebend und die BM & FBOVESPA hat sich zur wichtigsten Börse Südamerikas etabliert.

Damit man sich für die richtige Anlage entscheiden kann, ist es generell wichtig und von großer Bedeutung, die großen Leitbörsen im Blick zu behalten. Behalten Sie stets einen guten Überblick über die Entwicklungen. So verschaffen Sie sich eine gute Grundlage. Die Leitbörsen mit ihrer Leitfunktion für den globalen Markt sollte man nicht missachten. Gelten doch deren verschiedene Indizes auch als Leitindizes. Diese eignen sich für Privatanleger als Bemessungsgrundlage für die unterschiedlichen Entwicklungen an den Börsen.

Der Aktienindex

Der Aktienindex bezeichnet die wirtschaftliche Entwicklung eines Landes oder einer Branche. Die Werte der Aktien werden zu einem Index zusammengefasst und erhoben. Die Auswahl wird nach unterschiedlichen Faktoren erhoben. Das entscheidet die Marktkapitalisierung, die Branche oder auch die Region. Einige Indizes beschreiben auch die von Kursen abhängigen Derivate und nicht die direkte Entwicklung der Aktien.

DIE BERECHNUNG

Beim **Kursindex**, auch Preisindex genannt, wird nur der Kurswert der aktuellen Aktienkurse berücksichtigt, während beim **Performance-Index** auch die Dividenden sowie weitere andere Einnahmen hinzugezogen werden. Bei dieser Variante werden die Einnahmen der Aktien wieder reinvestiert. Daher findet man beim Total Return Index, wie dieser Index auch noch genannt wird, keinen Kursrückgang. Zudem dient hier noch eine weitere Berechnungsgrundlage – die Gewichtung. Beim **Preis-gewichtigen Index** „wiegt" jede Aktie gleich. Will heißen – alle im Index enthaltenen Aktien sind in gleichem Ausmaß gewichtig und in der Anzahl gleich. Das sorgt dafür, dass die Aktien, die höher im Kurs liegen, die niedrigeren Aktien ausgleichen, was dann einen größeren Einfluss auf den gesamten Index hat. Beim **Kapitalisierung-gewichtigen Index** haben die im Index enthaltenen Aktien die Befähigung den Index, der durch die Marktkapitalisierung bedingt wird, zu bestimmen und beim **gleichgewichtigen Index**, wie der Name schon sagt, sind alle Aktien auf den Index gleichbedeutend wirksam.

Sie sehen schon: Es ist wichtig, sich mit den Indizes ein wenig auszukennen, geben diese doch einen schnellen Überblick über die Entwicklung der im Index enthaltenen Aktien. So kann man gute Rückschlüsse ziehen. Der Leitindex ist demnach der Index, welcher von Interesse und in den Fokus der Finanzmarktteilnehmer und der Öffentlichkeit gelangt ist. Er hat eine entscheidende Bedeutung für die Wirtschaft einer Region oder einer Branche. So sind Entwicklungen großer Volkswirtschaften und Unternehmen gut zu verfolgen und auch die damit verbundenen globalen Entwicklungen.

DER DAX, DEUTSCHER AKTIENINDEX

Obwohl Deutschland beim Ranking „nur" auf dem 12. Platz steht, gehört der DAX zu einem der wichtigsten Indizes. Er beziffert die Entwicklung der größten und somit umsatzstärksten Unternehmen Deutschlands. Daher ist der DAX auch international von enormer Bedeutung. Mit der großen Wirtschaftskraft der deutschen Wirtschaft ist er von maßgebender Bedeutung und gilt daher als Leitzins. Jedes Unternehmen an der Börse muss gelistet sein und seinen Sitz in Deutschland haben und ein Großteil der Aktien muss in Deutschland gehandelt werden.

DIE BEDEUTUNG

Die Leitindizes geben Aufschluss auf das Anlageverhalten der Marktteilnehmer. Leitindizes geben aufgrund der Marktkapitalisierung der enthaltenen Aktien ein repräsentatives Bild ab und große Unternehmen weisen meist auch ein sehr großes Handelsvolumen auf. So ist es absolut nachvollziehbar, dass die Trader lieber mit Aktien handeln, die sehr bekannt sind. Dem Verhalten der Marktteilnehmer entsprechend entwickelt sich dann auch der Index. Die Leitindizes haben, bedingt durch ihre Bekanntheit, entsprechend auch einen großen Einfluss auf das Verhalten anderer Anleger, welche sich an dem Entwicklungsprozess der Leitindizes orientieren. Sobald ein Wert in einem Leitindex sinkt, signalisiert dies bei einem Anleger oft ein Verkaufssignal oder umgekehrt.

Aber nicht nur Dow Jones, DAX oder Nikkei gelten als Leitindizes. Beim Betrachten der Indizes geht es auch um die Region. Selbstverständlich hat die amerikanische Börse den größten globalen Einfluss auf die Finanzmärkte der Welt und entsprechend ist der Dow Jones der Leitindex schlechthin. Jedoch sollte man auch die Entwicklung des S&P 500 nicht außer Acht lassen, wenn man über die US-Wirtschaft grundlegend informiert sein möchte und einen Schwerpunkt auf diesen Markt gelegt hat. Die jeweiligen Indizes haben vor allem in ihren Ländern einen absoluten Leitbildcharakter. Der Einfluss dieser Indizes ist jedoch auch weit über die Landesgrenzen hinaus spürbar. Der DAX hat entsprechend in Europa eine große Bedeutung. Der Nikkei in Asien und der Dow Jones global. Bedingt durch den Bekanntheitsgrad der Leitindizes gibt es hier auch zahlreiche derivative Finanzprodukte, wie beispielsweise ETF, Zertifikate oder auch Investmentfonds, die sich alle auf den jeweiligen Index beziehen.

Die unterschiedlichen Börsenarten

Markante Unterscheidungsmerkmale bei den Börsenarten sind vorrangig die Güter, mit welchen gehandelt wird. Hierzu zählen: Wertpapierbörsen, Devisenbörsen, Warenbörsen und Terminbörsen.

DIE WERTPAPIERBÖRSE

Die oben angeführten Börsen gehören zu den Wertpapierbörsen. Man nennt sie auch Aktienbörsen. Der Grund dafür ist, dass die Handelsprodukte grundsätzlich Anleihen und Aktien sind.

DIE WARENBÖRSE

Die Warenbörse ist die ursprüngliche Form des Handelns. Hier werden Waren, Güter und Produkte wie Nahrungsmittel, Rohstoffe wie Silber, Gold oder Öl gehandelt. Wie bei den anderen Börsen auch ergibt sich die Preisentwicklung hier aus Angebot und Nachfrage.

DIE TERMINBÖRSE

Wie der Name schon sagt: An der Terminbörse dreht sich alles ums Termingeschäft. Zu den gehandelten Produkten zählen verschiedene Derivate, Futures und Optionen. Daher wird diese Form der Börse auch als Optionsbörse oder Derivatbörse bezeichnet. An den Terminbörsen werden vertraglich festgelegte Handelsmaßnahmen festgelegt. Die Leistungserfüllung wird erst in der Zukunft stattfinden und die Lieferung der Waren oder Güter wird entsprechend auch erst zu einem bestimmten und festgelegten Termin fällig. Im Regelfall werden Terminbörsen in einer Kombination mit einer Warenbörse geführt.

Für Ihr Forex-Trading-Vorhaben handeln Sie an einer Devisenbörse

Hier werden die unterschiedlichen Währungen aller Art gehandelt. An den Devisenbörsen tummeln sich neben den Großbanken und international agierenden Unternehmen auch zahlreiche Privatanleger. Über einen Online-Broker erhalten Sie Ihren Zugang zu diesem Markt. Zwar gibt es auch in Deutschland einige physische Standorte, aber der Markt läuft ausschließlich über Internetbanken. Die fünf Standorte in Deutschland sind:

München, Hamburg, Düsseldorf, Berlin und natürlich Frankfurt am Main

Für Unternehmen, die zumindest einen Teil Ihrer Einnahmen durch Import- oder Exportgeschäfte induzieren, sind die Börsen der Welt von enormer Wichtigkeit und Bedeutung. Sie müssen sich das so vorstellen – ein Unternehmen, dass seine Waren ins Ausland ausführt und dort in der jeweiligen Fremdwährung bezahlt wird, kann, bedingt durch den Handel mit Devisen, die Risiken einer Kursschwankung ausgeglichen. Als Leitbörse funktioniert auch hier die Frankfurter Börse, da der jeweilige Kurs von den Kreditinstituten bestimmt wird. Dieser Devisenkurs ist dann für alle Börsen in Deutschland der Gleiche.

Daher gilt – verlieren Sie den Blick auf die Leitbörsen nicht! Wer mit Finanzprodukten Gewinne erzielen möchte, für den ist es von großer Bedeutung, alle relevanten Informationen zu kennen, um die möglichen Parameter setzen zu können. Zu beobachten sind auch die wirtschaftlichen Entwicklungen der Länder und deren Regionen. Denn, wie gesagt, die Entwicklungen an den Märkten deuten auf die wirtschaftliche Situation hin und beeinflussen das Anlageverhalten der unterschiedlichen Gruppierungen der Trader und diese wiederum wird spürbar. Bedingt dadurch haben die Leitbörsen logischerweise einen großen Einfluss auch auf den Devisenmarkt. Angebot und Nachfrage bilden auch hier die Preise für die Währungspaare. Wichtig ist also:

die Konjunktur und Entwicklung eines Staates, die Leitzinsen des Landes oder des Währungsraumes und die Inflationsrate im Staat. All diese

Komponenten sind ständig im Wandel und von daher ist es wichtig, die Entwicklungen zu beobachten, sinnvolle Informationen zu verinnerlichen und diese dann als Grundlage für bewusste Handelsentscheidungen zu verwenden. Es ist lohnend, die Leitindizes gut zu beobachten, um so einen grundlegenden Eindruck der aktuellen Geschehnisse zu bekommen und die wirtschaftlichen Entwicklungen der entsprechenden Regionen zu erhalten. Diese lässt Rückschlüsse auf die Entwicklung der Finanzmärkte zu und liefert durchaus einen Eindruck über die Entwicklung der Devisen und der Währungspaare. Dabei sollten Sie nicht die Zusammenhänge der wirtschaftlichen Gesamtlage ignorieren. Entwickelt sich zum Beispiel bei den Währungen USD/EUR die Leitbörse in den USA nach unten, kann das für einen schlechteren Dollarkurs sorgen. Zeitgleich müssen Sie die Entwicklungen am Absatzmarkt im Absatzgebiet der Eurozone ins Auge fassen. Sofern die Entwicklung hier positiv verläuft, ist das definitiv ein Zeichen für einen starken Euro und insofern steigt der Euro und der Dollar sinkt. Das bedeutet nun, dass dieses Währungspaar teuer wird. Diese Zusammenhänge sind gerade beim Forex sehr wichtig und man sollte zumindest die Leitbörsen der meist gehandelten Währungspaare und deren Leitindizes kennen.

Wie kann ich das Trading erlernen?

Für das Trading gibt es keine staatlich anerkannte Ausbildung wie beispielsweise in einem Lehrberuf oder einem Studium. Zwar haben es sich einige professionelle und erfolgreiche Trader zur Aufgabe gemacht, Einsteigerkurse und Seminare für Beginner zu veranstalten, die jedoch oft nicht zweckerfüllend sind und zudem kostenintensiv sein können. Besser beraten sind Sie mit einem Demokonto. Dies können Sie schnell und unkompliziert auf einer Forex-Plattform einrichten und loslegen. Schauen Sie sich in aller Ruhe um, machen Sie sich mit den Begebenheiten vertraut und nehmen Sie sich Zeit. Achten Sie darauf, nicht zu schnell in den echten Handel einzusteigen, auch wenn Ihre Testphase erfolgreich ist. Lassen Sie sich nicht verleiten und bleiben Sie besonnen. Auch echte Profis haben ihre Verhaltensregeln, von denen Sie nicht abweichen. Deswegen sind Sie erfolgreich und können sich Profi nennen. Besonnenheit und die selbst auferlegten Verhaltensregeln sollen Sie vor unüberlegten Handlungen und Verlusten schützen. Üben Sie Selbstdisziplin und lassen Sie sich nicht zu vorschnellen Echtzeit-Spekulationen hinreißen. Das kann sonst fatale Folgen nach sich ziehen. Erfolgreiche Trader haben meist ihr eigenes und individuelles System entwickelt, dies beruht auf Erfahrungswerten und profunden Kenntnissen. Erfolg kommt nicht von ungefähr. Wenn auch ein wenig Glück dazu gehört, so kann man sich nicht allein darauf berufen und darauf verlassen. Erfolgreiche Trader kaufen nicht einfach irgendwelche Aktien aufs Geratewohl. Sie überlegen sich genau, was sie kaufen, wann gekauft und wiederverkauft wird. Profis verfolgen einen Plan und sichern sich gegen hohe Verluste ab. Diese Strategie nennt man auch die Stop-Loss-Order, also die Anweisung, den Verlust zu stoppen. Tritt der Fall ein und ein Kurs unterschreitet eine bestimmte, gesetzte Grenze, steigen richtige Profis aus. Eine weitere Wertsicherungsstrategie, das sogenannte Money-Management, begrenzt den Einsatz pro Trade und den Handelseinsatz in

Summe. So sollte der Einsatz pro Trade nicht höher als maximal zwei Prozent des Depotwertes sein und der Handelseinsatz im Gesamten nicht mehr als zehn Prozent übersteigen. Halten Sie sich an die Regeln der Profi-Trader und Sie werden vor größerem Schaden bewahrt werden.

Wer so richtig tief einsteigen möchte in die Forex Märkte, dem sind Kurse beim Forex-Broker Ihrer Wahl zu empfehlen. Ihr Broker (Plattform) bietet Ihnen Ausbildungskurse an und vermittelt Ihnen das notwendige Know-how. Sie erfahren die Grundlagen über die Forex-Strategien, technische Analysen, Forex-Begriffe, Risikomanagement und vieles mehr. Denken Sie immer daran – nur die Übung macht den Meister. Zudem werden E-Books angeboten, die Ihnen hilfreiche Tipps und Tricks vermitteln. Auch haben viele Online-Broker ein Trainingscenter mit einem persönlichen Coach. In einer 1 zu 1 Session, vermittelt dieser Ihnen Analysemethoden, weiht Sie in Trading-Strategien und Geldmanagement ein und vermittelt Ihnen die wichtigsten Finanznachrichten. Dieser Service jedoch ist nicht kostenfrei.

Ab einem Investment X, meist zwischen 100 € und 1000 €, steht Ihnen ein privater Kontomanager zur Verfügung.

WAS BRAUCHE ICH FÜR DAS ONLINE-TRADING?

Sie benötigen für Ihre Handelstätigkeit im Internet lediglich ein Konto bei einer Direktbank oder einem Online-Broker. Sie finden verschiedene Anbieter im Internet und wählen sich Ihren Favoriten aus. Mit einer einfachen Registrierung haben Sie im Handumdrehen ein Wertpapierdepot. Es lohnt sich, die Angebote der unterschiedlichen Anbieter zu prüfen, denn für ein Konto werden Gebühren fällig, lesen Sie also die Nutzungsbestimmungen sehr genau und informieren Sie sich eingehend über die Konditionen beim jeweiligen Anbieter. Die meisten Broker bieten Ihnen ein kostenloses Demokonto an. Gerade für Anfänger ist es empfehlenswert, diesen Service zu nutzen und sich erst einmal mit dem Portal und den Methoden vertraut zu machen. Tätigen Sie Ihre Investitionen zunächst mit virtuellem Geld. Es ist dringend anzuraten, erst mit einer gewissen Sicherheit und einigen

Erfahrungswerten an den realen Märkten zu spekulieren. Die Anbieter liefern Ihnen als Kunde unterschiedliche Software, Tools und Analysen. Diese benötigen Sie dringend, um an den Finanzmärkten erfolgreich zu sein. Auch hier lohnt sich ein Blick in das genaue Angebot.

WELCHE ARBEITSMATERIALIEN BENÖTIGT EIN TRADER?

Wer sich für Online-Trading und die Börse interessiert, der hat sich schon eine Weile mit dem Börsenmarkt auseinandergesetzt und kennt die Bilder der Charts und Kurven, die viele Tabellen und Zahlen anzeigen. Sie sind in den Börsenteilen der Zeitschriften und auch auf den Fernsehbildschirmen zu sehen. Für einen Laien sieht das anfangs alles sehr unübersichtlich und kompliziert aus. Hektisches Treiben und Makler, die wie gebannt auf die großen Monitore der Weltmärkte starren. Professionelle Online-Trader machen das Gleiche, wenn auch in einem privateren Rahmen zu Hause. Sie haben meist mehrere Bildschirme parallel zueinander aufgestellt. Ein Monitor zeigt die Onlineplattform des Traders mit seinem Konto. Hier kauft und verkauft der Händler, gern auch im Minutentakt, Aktien/Devisen oder Wertpapiere und Rohstoff-Zertifikate – ganz simpel und einfach per Mausklick. Mit den anderen Screens werden die Märkte beobachtet. Die Kurse können sich sehr schnell verändern. Blinkt es irgendwo rot, bedeutet dies, dass dieser Kurs gerade fällt. Ein grünes Blinken signalisiert einen Kursanstieg.

Wenn Sie an eine Profikarriere im Trading denken, lohnt sich die Investition einer Risikomanagement-Software. Es gibt diverse Tools, die Sie darin unterstützen, den Verlauf der Kursdaten besser einschätzen zu können. Die Software und die Werkzeuge sind so konzipiert, dass sie eine Vorschau bieten und die wahrscheinliche Kursveränderung darstellen. Die Technik hat sich enorm entwickelt und entwickelt sich weiter. Tools sind für Profis essenziell und aus deren beruflichem Alltag nicht mehr wegzudenken. Denken Sie allein an die Möglichkeiten, die Ihnen Ihr Smartphone bietet. So gibt es Kurven über den Kursverlauf in vielfältiger Variation.

Beim Candlestick-Chart (Kerzenchart) beispielsweise kann der Trader auf einen Blick die Bewegungen der Kurse, inklusive des Eröffnung- und des Schlusskurses, ablesen. Diese Variante ist bei Day-Tradern sehr beliebt.

Das Handwerkzeug, die Tools eines Traders

Die technischen Analyse Indikatoren bezeichnen maßgebend 3 Grundprinzipien:

The Trend is your Friend

Das will sagen, dass es, statistisch gesehen, wahrscheinlicher ist, dass der Trend noch eine Weile bestehen bleibt, als dass dieser sofort endet.

History repeats

Seit über 100 Jahren untersucht man nun bereits die Chart-Informationen und wertet diese aus. Dabei beobachtet man viele Wiederholungen, geprägt von der Psyche der Menschen und entsprechenden Verhaltensmustern. Erstaunlicherweise haben sich diese wenig verändert.

All information is in the stock market price

Es bedeutet, dass sich alle relevanten Faktoren und Einflüsse des Basiswertes im aktuellen Kurs widerspiegeln. Die Faktoren sind u. a. politische Entwicklungen, Angebot und Nachfrage. Die Technik beschäftigt sich jedoch lediglich mit der Kursentwicklung und Bewegung, nicht mit den evtl. Gründen dafür.

DER CANDLESTICK-CHART

Ist eine Kerzenformation (Kerze=Candle), welche in 2 Schritten definiert wird. 1. das Festlegen der Handelszeit und 2. das Festlegen des Signaltyps. Diese Parameter werden in der Site-Bar eingestellt.

Zu 1. Die Handelszeit legt die Phase einer Start- und Endzeit fest. Sie geben hier einfach die favorisierte Uhrzeit ein, beispielsweise 13.00 und 18.00 Uhr. Sofern die Handelszeit für Sie keine Rolle spielt, belassen Sie die

Parameter einfach auf 0.00 und 23.59 Uhr.

Zu 2. Der Signaltyp bedeutet, dass ein Signal entweder als Kauf- oder Verkaufssignal festgelegt wird. Kaufsignal ist 1, Verkaufssignal ist 2.

Weiterhin können Sie noch Gruppen, Kerzen, Richtungen und Größen festlegen.

Anzahl der Gruppen: Sie haben die Möglichkeit, bis zu 4 Kerzengruppen zu wählen. Die Gruppe 1 ist die letzte Gruppe, Gruppe 4 die aktuelle. Durch einen farblich unterschiedlichen Hintergrund können Sie die Gruppen unterscheiden. Es ist nicht notwendig, alle 4 Gruppen einzusetzen. Sie können sich auch auf 2 oder 3 beschränken, das bleibt Ihnen überlassen.

Für das Festlegen von Kerzen in einer Gruppe verfügen Sie über 4 Parameter:

1:1 Kerzen in der Gruppe / 2:2 Kerzen i. d. Gruppe usw. bis 9:9 Kerzen i. d. Gruppe.

Die Richtung einer Gruppe und wie diese festgelegt wird, entspricht dem Eröffnungskurs mit der ersten Kerze.

Das Festlegen der Gruppe und die Richtung der letzten Kerze der Gruppe dem Schlusskurs.

1: Aufwärtsbewegung (oberhalb)
2: Abwärtsbewegung (unterhalb)
0: Aufwärts und Abwärts
Für die Richtung der Kerzen gelten die Parameter:
1: nur positive Kerzen, grün
2: nur negative Kerzen, rot
0: beide Kerzen

Die Größe der Kerzen variiert. Als Orientierungsmaßnahme für die anderen Gruppen setzen Sie die größte Kerze oder mehrere Kerzen dieser Gruppe immer auf die Größte. Die größte Gruppe dient als Kontrast zwischen den Preisniveaus. Wenn Sie eine weitere Gruppe wählen und diese beispielsweise auf 7 setzen, so definieren Sie hiermit, dass diese zweite

Gruppe 7/9 die Differenz der vorherigen Beurteilungsgruppe benötigt.

Ist Ihnen die Größe der Gruppen nicht besonders wichtig, lassen Sie den Parameter einfach auf 0 stehen.

1-9: mögliche Stärke der Gruppen, wobei 9 die stärkste Gruppe ist.

0: bedeutet, das Image der Kerze(n) in der Gruppe ist nicht von Bedeutung

Auch beim Candlestick-Chart sind gewisse Grundkenntnisse erforderlich. Ihre Darstellungsform hat sich bewährt und wird häufig verwendet. Zwar bietet sie auch keine andere oder bessere Form der Analyse, aber sie bietet zusätzliche Informationen und liefert weitere Ergänzungen. Der Aufbau ist immer gleich:

Jede Kerze verfügt über den Körper und 2 Dochte, dem oberen und dem unteren Docht. Die Länge der Kerze stellt immer die Handelsspanne des gewählten Zeitfensters dar. Die Darstellung liefert eine Menge an Informationen, so gibt sie beispielsweise Auskunft über den Tagesverlauf. War dieser positiv oder negativ? Positiv bedeutet, dass der Schlusskurs höher als der Einstiegskurs war und dann leuchtet der Kerzenkörper grün oder weiß (je nach Anbieter). Umgekehrt nimmt der Kerzenkörper die rote Farbe an. So können Sie genau erkennen, ob dieser Tag eher von Kaufinteresse oder Abgabedruck geprägt war. Der Candlestick bietet einen tieferen Blick auf die internen Strukturen eines Handelstages als die anderen bekannten Charts. Der Candlestick-Chart zeigt Wendepunkte über einen Kursverlauf viel früher als die klassische Charttechnik an.

Wichtig zu beachten bei dieser Variante ist das Zeitfenster. Dieses ist bewusst auf eine kurzfristige Phase beschränkt. Achten Sie daher unbedingt immer auf Ihre Einstellungen. Danach greift dann die klassischen Charttechnik wieder. Eine Einstellung auf einen Wochenchart ergibt Sinn, denn so können Sie erkennen, wie sich die Woche entwickelt hat, was bei einer Einstellung auf Tageschart-Basis evtl. übersehen wurde.

Die wichtigsten Chartformationen in der Übersicht:

A. Die Dojis sind Kerzen, die gar keinen oder nur einen kleinen Kerzenkörper aufweisen. In der Bedeutung heißt das, dass der Eröffnungs- und Schlusskurs auf Gleichem oder fast identischen Niveau liegen, quasi ein Unentschieden. Das Verhältnis zueinander zeigen Ihnen die Dochte und Sie können somit gut erkennen, ob Sie sich nun in einem bullishen oder doch eher in einem bearishen Umfeld bewegen. Ob Sie also im Tageshoch oder Tagestief liegen, auch im Vergleich zum Vortag.

B. Long-Legged Dojis sind Kerzen mit einem langen Docht. Das lässt die Vermutung zu, dass in dem vorausgegangenen Unentschieden ein volatiler Handel zustande kam. Die Kerze, die darauffolgt, kann einen eventuellen Richtungswechsel des Kurses anzeigen.

C. Dragonfly und Gravestone Dojis bezeichnen das Kursniveau noch markanter. Dragonfly verweist den Kurs nach unten (bullish) und Gravestone nach oben (bearish). Die beiden Parameter zeigen an, dass Eröffnungs- und Schlusskurs nahezu auf dem gleichen Level lagen, diesem Ergebnis ging jedoch ein Ereignis voraus, das entweder bullish oder bearish war (dazu später noch mehr), welches jedoch wieder abgefedert wurde und auf den Ausgangspunkt zurückgestellt werden konnte. So erkennen Sie die Trendrichtung des Kurses.

D. Wenn ein Richtungswechsel im künftigen Kurs, nicht wie oben erwähnt, fast identisch schließt, sondern wenn es im Inneren der Kerze gelungen ist, den Trend so zu verändern, dass der Kurs über dem des Eröffnungskurses schließt, nennt man das einen Hammer. Wenn eine Rallye abverkauft wird, dass der Schluss- vor dem Eröffnungskurs liegt, ist das ein Shooting-Star. Diese Umkehr können Sie im festgelegten Zeitfenster eines Tages, einer Woche usw. beobachten.

E. Zu den Umkehrformationen (Reversals) gehören auch die sogenannten Bullish/Bearish Engulfing Patterns. Sie bestehen aus zwei Kerzen. Die erste Kerze zeigt die Richtung der aktuellen Trendbewegung, während die zweite Kerze die Richtung ändert und die der ersten intensiviert. Die Formationen sind keine Basis eines wochenlangen Trends und sie haben auch nur eine

gewisse Prognose-Range für einige Kerzen/Tage. Auch hier greift danach wieder die klassische Charttechnik.
F. Besonders markante Umkehrformationen sind der Morning- und der Eveningstar. Darauf gehen wir im Anschluss noch intensiver ein. Sie gelten in dem festgelegten Zeitfenster als sehr zuverlässig und weisen signifikant auf die Richtungsänderung hin.

Probieren Sie die Kombinationen aus, beim Trading ist für den Erfolg die Routine und Erfahrung maßgebend. Learning by doing. Eine Taktik-Order-Funktion ermöglicht, dass die Signale für einen Kauf oder Verkauf automatisch erscheinen und nicht programmiert werden müssen. Ansonsten wird Ihnen die von Ihnen definierte Kerzenformation via Kauf- oder Verkaufssignal bestätigt.

ROBOX, THE NEXT GENERATION

Intelligente Handelsmaschinen gehören unabdingbar zu Ihrem Forex-Geschäft dazu. Der von Tradency konzipierte Algorithmus basiert auf individuellen Handelsstrategien und -stilen sowie Ihren bevorzugten Anlagen und kann aus einem Paket unterschiedlicher Strategien auf Ihr persönliches Risikomanagementprofil abgestimmt werden. Hierzu füllen Sie einen Fragebogen aus und RoboX erstellt aus Ihren Antworten einen Algorithmus aus einer Datenbank heraus, die über 1.000.000.000.000 Handelsstrategien durchsucht. Mit anderen Worten – Sie stellen Ihr personalisiertes Risikomanagement-Paket zusammen. Die Pakete werden immer in Echtzeit aktualisiert und die Strategien gewählt, die mit Ihrem Konto übereinstimmen.

DAS SOCIAL TRADING

Die Zeiten vor der Revolutionierung des Internets, als Trading noch die Domäne der großen Finanzinstitute war, ist lange vorbei und hat die Trading-Branche enorm forciert. Beim Social Trading berufen sich Einsteiger und Gelegenheitstrader auf das Wissen der Profi-Trader. Das Copy-Trading wurde von eToro eingeführt. Das Unternehmen ist ein Multi-Asset-Brokerage mit einer Investmentplattform und u. a. bekannt dafür, dass es Händlern ermöglicht, andere Händler zu kopieren und damit Geld zu verdienen. Jetzt könnte man sich fragen, was die Profis dazu sagen, dass man sie kopiert. Eigentlich möchte man derartiges nicht. Beim Social Trading ist das anders. Hier haben erfahrene Trader ein absolutes Interesse daran, kopiert zu werden. Sie werden von der Plattform belohnt, beispielsweise erhalten sie Vergünstigungen, Margennachlass, monatliche Auszahlungen oder auch bis zu 2% auf das verwaltete Kapital.

So bauen sich die Profis eine Reputation auf, indem sie sich mit ihrer Erfahrung und Meinung am Markt positionieren. Da keine Partei, weder der Copy Trader noch der Trader noch die Plattform versteckte Interessen hat und alles sehr transparent ist, kann man dies nur als eine Win-win-Situation für alle Beteiligten beschreiben, hier kann jeder profitieren.

KOSTENLOSE TRADING-TOOLS

Kostenlose Tools gibt es jede Menge. Allerdings sind die meisten davon dann in der Praxis doch recht unzuverlässig oder zumindest sehr verwirrend. Das ist gerade bei Anfängern ein großes Problem. Im Anschluss finden Sie einige zweckmäßige und anwendungsfreundliche Forex-Trading-Tools, die Sie gratis nutzen können und die Ihnen clevere Strategien ermöglichen.

DER VOLATILITÄTSRECHNER

Trader sind – ohne Ausnahme – auf Volatilität angewiesen, Sie wissen ja: ohne Schwankung kein Gewinn. Daher ist es für jeden Trader essenziell zu wissen, welche Währungspaare während seiner Handelszeit volatil sind. Da es viele Währungspaare gibt, ist es kein leichtes Unterfangen, diese zu errechnen. Der Volatilitätsrechner von www.investing.com zeigt Ihnen die täglichen Veränderungen in Pips und Prozentsatz jedes Währungspaares an und bietet Ihnen als weitere Ergänzungen Stunden-Volatilität und

Diagramme an. Dies gibt Ihnen einen guten Überblick für die beste Trading-Zeit.

WÄHRUNGSKORRELATION

Die Korrelation ist die „Wechselbeziehung" zwischen zwei Währungspaaren. Sie beschreibt den Zusammenhang verschiedener Messgrößen. Bei einer Statistik wird die Beziehung zwischen zwei statischen Variablen gemessen. Der Korrelationskoeffizient ermittelt den Grad des Zusammenhangs, welcher mit einer Zahl zwischen -1 und 1 angegeben wird. Liegt der Wert bei 0, gibt es keinen Zusammenhang. Die 1 steht für einen positiven Zusammenhang. D. h. beide Werte wachsen gleich. Eine negative Korrelation liegt vor, wenn ein Wert wächst und der andere abnimmt. Ein Beispiel für das Korrelieren von positiv und negativ:

Wenn Sie eine Gehaltserhöhung bekommen, steigert sich normalerweise auch Ihr Konsumverhalten und Sie geben mehr aus. Das ist im Sinne des Handels und für diesen eine positive Korrelation. Wenn Sie jedoch nicht mehr konsumieren, sondern Ihr zusätzliches Einkommen lieber sparen, bringt dies für den Handel nicht das gewünschte Ergebnis und führt zu einer negativen Korrelation. Somit ist kein linearer Zusammenhang gegeben und kann nicht als positiv bezeichnet werden. Wie berechnen Sie die Korrelation? Wenn Sie firm im Arbeiten mit Excel sind, können Sie dies selbst vornehmen oder Sie greifen auf den Währungsrechner eines Brokers zu. Achten Sie auf clevere Währungsrechner, die Ihnen die historischen Wechselbeziehungen bis zu einem Jahr angeben und eine vielzählige Bereitstellung unterschiedlicher Währungspaare sowie ein übersichtliches Tabellenformat. Onda Forex beispielsweise bietet Ihnen viele kostenlose Trading-Tools an, auch wenn Sie kein Kunde von Oanda sind. Mit dem Marktstunden-Tool wählen Sie Ihre Zeitzone oder das Volumen-Diagramm und können damit erkennen, wann die meisten Trader online und aktiv sind.

Hedging, was ist das?

Hedging bedeutet „absichern“. Beim Hedging schauen Sie also gezielt nach negativen Korrelationen. Was genau passiert bei diesem Vorgang, dem Hedging, und wie nutzen Sie dieses Tool? Das Hedging bedient unterschiedliche Zwecke. Grundsätzlich bedeutet es in erster Linie, dass ein Trader sich gegen eine negative Kursentwicklung absichert, die Beweggründe für eine Absicherung sind allerdings unterschiedlicher Natur. Ein Trader möchte seinen Bestand absichern, weil eine akute Gefahr besteht. Ein anderer möchte eine Zukunftsabsicherung (Forward Hedging). Bei dieser Methode sichern die Trader ihre „Ware“ ab, bevor sie diese überhaupt besitzen und verkaufen diese zu einem bestimmten Termin zu einem für sie akzeptablen Preis. Andersherum funktioniert das auch. So wird bereits im Vorfeld ein steigender Preis abgesichert. Auch hier wird zu einem fixen Termin gekauft, obwohl mit dieser Devise erst in geraumer Zeit gehandelt wird. Diesen Terminmarkt kann man sich also in beide Richtungen zunutze machen.

Mit einem Pending Hedge rüstet man sich für den Ernstfall, der Pending Hedge greift allerdings erst, wenn eine vorherbestimmte Situation eintritt. So platziert man beispielsweise eine Stop-In- oder eine Stop-Buy-Order. Der Investor bestimmt hier einen Index, der aus seiner Sicht einen markanten Punkt unterscheidet und er jetzt mit fallenden Kursen rechnet.

Es gibt aber noch eine andere Form von Hedging. Man muss sich nicht unbedingt GEGEN etwas absichern, man kann sich auch FÜR etwas absichern, nämlich dann, wenn man eine Position auf keinen Fall verpassen möchte.

Aber warum Hedging betreiben, wenn die Kurse fallen und nicht gleich einen Teil oder das ganze Depot verkaufen? Dies wäre auch eine Form der Absicherung, um die Verluste gering zu halten und abzufedern. Zwei Hauptgründe sprechen für das Hedging und gegen den sofortigen Verkauf:

- Die Kosten für das Hedging sind gering und es ist sehr viel einfacher, das Depot abzusichern, als es Stück für Stück zu verkaufen.
- Bei einem Verkauf verliert der Trader seine Dividenden.
- Bei einem Abwärtstrend, wie momentan am Markt, werden wohl viele Trader eher hedgen, als zu verkaufen. Auch im Hinblick auf die beginnende Dividendensaison.

Prinzipiell können Sie jede einzelne Position sichern, indem Sie einfach Ihren kritischen Punkt fixieren. Das hat den Nachteil, dass es sehr aufwendig ist, jedoch den Vorteil, dass Sie wirklich nur die gewählten Positionen markieren und nicht das ganze Depot. Ein gutes Hedging sollte zwei Parameter sicherstellen:

Die Laufzeit des Derivats darf nicht ausgehen und Ihre Absicherung darf nicht an Substanz verlieren.

Ein weiterer neuer Begriff: Was ist ein Derivat?

Aus dem Lateinischen: „derivare" bedeutet „abzuleiten". Ein Derivat ist ein Finanzprodukt, dessen Preis sich vom Basisprodukt ableitet. Dies bedeutet, dass der Preis eines Derivats seine Herkunft aus einem anderen Finanzprodukt bezieht. Dabei profitiert das Derivat vom künftigen Anstieg oder Fall seiner Basis. Es ist so konzipiert, dass sein Preis den des Basisprodukts erfassen kann und somit als Absicherung vor Wertverlusten eingesetzt wird. Derivate sind also Finanzinstrumente, deren Wert vom Basiswert abgeleitet wird. Derivate spekulieren auf die Steigerungen und Rückgänge der Kursbewegungen. Dafür muss der Trader den Vermögenswert nicht selbst erworben haben. Derivate ermöglichen dem Trader mit einer Vielzahl von Basiswerten zu handeln, besonders auch beim Forex-Markt. Die Eröffnungen derivativer Positionen bedürfen keinem physischen Vermögen und daher werden sie meistens in Form eines Kontrakts gehandelt. Das heißt entweder an der Börse oder über den Tisch (over the counter). Obwohl es eine Vielzahl an Angeboten im Bereich der derivativen Produkte gibt, sind die meist gehandelten die Differenzkontrakte, die CFDs. Hierbei wird ein Vertrag abgeschlossen, indem auf den Preisunterschied eines Kurses bei Eröffnung und dem bei der Schließung aktuellen Wert spekuliert wird. Man spekuliert somit über den Preis und nicht über einen physischen Wert.

Der Vorteil eines Derivats liegt auf dem Begrenzen von Verlusten auf andere Positionen und dient somit beim Devisenhandel der Absicherung von Kursrisiken. Diese Form der Handelsart bietet Ihnen eine große Flexibilität – mehr als die des Basiswertes an sich. Traditionell wird mit einer Long-Position eröffnet, was bedeutet, dass Sie eine Währung kaufen und hoffen, dass der Kurs steigt. Mit einem Derivat haben Sie die Möglichkeit, auch auf die fallenden Marktpreise zu spekulieren und davon zu profitieren.

Dies funktioniert über die Short-Position. Meistens werden Derivate mit einer Margin gehandelt, will heißen, dass Sie nur einen kleinen Anteil Ihres Kapitals hinterlegen müssen, um am Marktgeschehen teilnehmen zu können. Alle erzielten Gewinne werden mit dem vollen Wert des Trades betrachtet. Das bedeutet, sofern Ihr Trade erfolgreich ist, dass der Gesamtgewinn um Einiges höher sein wird als unter „normalen" Bedingungen. Es bedeutet aber auch ein erhöhtes Risiko. Ist der Trade nicht erfolgreich, führt dies unweigerlich zu einem hohen Verlust. Ziehen Sie aus diesen Gründen immer den Gesamtwert und das Rückgangpotenzial dieser Handelsvariante in Betracht, bevor Sie diese platzieren. Das ist sehr wichtig!

Da der Derivatehandel zu einer hohen Marktvolatilität beiträgt, führt dieser Fakt natürlich auch oft zur Kritik. Vor allem, weil es die Spekulanten gierig werden lässt, was dann zu Preisschwankungen führen kann und so beispielsweise ansteigende Lebensmittel- oder auch Treibstoffkosten zur Folge haben kann. Durch Spekulationen hervorgerufene Preisschwankungen können eine Spekulationsblase auslösen und den eigentlichen Wert eines Kurses über die üblichen Marktpreise hinausschießen lassen und das kann nicht zum Vorteil sein. Platzt nämlich eine solche Spekulationsblase, hat dies oft verheerende Folgen auf die Märkte oder schlimmstenfalls die Weltwirtschaft. Genauso ein Fall ist 2008 eingetreten, als die amerikanische Immobilienblase platzte und in eine echte Krise führte.

Bullishe und bearishe Signale

Tradern rund um den Globus sind diese beiden Begriffe sehr gut bekannt und wer beim Forex-Exchange erfolgreich sein will, der muss man sich mit den Märkten, den Gepflogenheiten und natürlich den Bedeutungen der Begriffe ein wenig auskennen. So werden Sie oft von bullishen und bearishen Märkten hören und lesen. Sie können es sich wahrscheinlich denken – da sich beim Forex-Trading alles um den Kursanstieg und Kursabfall dreht, stehen auch diese beiden symbolischen Begriffe stellvertretend für den Kursverlauf. Dabei steht der Bulle für steigende Kurse und der Bär für fallende Kurse. Das hat bestimmt mit der Angriffstaktik der beiden Tiere zu tun. Während der Bulle mit seiner bedrohlichen Taktik den Rivalen mit seinen Hörnern von unten her angreift, stellt der Bär sich auf und verteidigt sich gegen seinen Gegner, indem er mit seinen Tatzen von oben auf ihn einschlägt. Den bullishen Markt nennt man auch noch Hausse und den bearishen Markt Baisse. Meist bezieht man die Begriffe auf den gesamten Markt, sie können jedoch auch nur einzelne Positionen meinen. Generell bezieht es sich aber auf den Trend des Marktes. Dieser unterliegt in einer Trendphase immer auch einer sogenannten Korrektur, wobei die Korrekturphase sich deutlich schwächer zeigt als der Markt als Ganzes. Zeigt der Bullenmarkt eine besonders starke Phase, also steigen die Kurse stärker als sonst, spricht man auch von einer Rallye. Hält diese Phase sehr lange an, spricht man von einem Boom. Eine länger andauernde Phase sinkender Kurse bezeichnet man als Crash. Wie auch immer, der Bullen- und Bärenmarkt erfordert das richtige Verhalten in Bezug auf das Handeln mit den Devisen. Der besondere Umstand beim Devisenhandel, nämlich, dass die Währungen immer als Paar gehandelt werden, kann den Trend immer in beide Richtungen bewegen. Das ist der markante Unterschied zu den anderen Finanzmärkten. Hier ist von entscheidender Bedeutung, welche Währung als die Basiswährung gilt und welche im Gegenzug dessen als Kurswährung gehandelt wird.

Die Symbolfiguren Bulle und Bär sind auch vor einigen Börsen zu finden und sind beliebte Tourismusattraktionen. Vor der Frankfurter Börse stehen sich die beiden Tiere mit Symbolcharakter auf dem Platz vor der Börse gegenüber.

Technische Hilfsmittel unterstützen den Trader beim Herausfinden des jeweiligen Trends. Es vermittelt ihm anschaulich, um welchen Trend es sich handelt. Die Analysen zeigen eine bullishen oder bearishen Verlauf an. Diese Analysen sind für den Händler essenziell. Sie helfen ihm dabei, die richtigen Entscheidungen zu treffen. So gelingt es sogar Anfängern, die Trends zu erkennen und darauf zu reagieren. Beim Devisenhandel und generell an der Börse ist ein bearisher Trend nicht immer gleich schlecht. Man kann auch mit bearishen Phasen gutes Geld verdienen und sich diese Abwärtsphasen zunutze machen.

Im Chart können Sie die unterschiedlichen Zeitabstände ersehen. Je nachdem, wie Sie traden, können Sie die für Sie interessante Zeitspanne beobachten. Möchten Sie einen Trend erkennen, dann gilt es die langfristige Zeitspanne zu beachten, wenn Sie kurzzeitige Trading-Intervalle nutzen möchten (Day-Trader), dann genügen bereits die Verläufe der letzten Stunden. Die oben genannten Wendungen verursachen bei einem Trader unter Umständen eine gewisse Unsicherheit und er fragt sich dann, ob die eingeschlagene Richtung wirklich unbestritten und gefestigt genug ist. Auch wenn es verstärkt zu Korrekturen kommt, ist es recht schwierig, eine langfristige Entwicklung zu verändern. Es kann vorkommen, keine Frage, doch wenn es zu einer solchen Trendumkehr kommt, sind Sie genauso in der Lage, in die entgegengesetzte Richtung zu handeln und diese Abweichungen für sich nutzen.

Technische Indikatoren

Es gibt X verschiedene technische Hilfsmittel und es ist nicht ganz einfach, sich in diesem Dschungel die besten herauszusuchen. Machen Sie sich vor einem realen Einsatz mit der Technik vertraut und wählen Sie die für Sie praktikabelste Variante. Kursverläufe sind wankelmütig und um diese richtig einordnen zu können, ist die Unterstützung der technischen Analysen unabdingbar.

Am besten probieren Sie einige Demokonten aus, bevor Sie sich für Ihren Forex-Broker und dessen Handelssoftware entscheiden und selbst, wenn Sie sich gut ausgestattet fühlen, kann eine zusätzliche Absicherung nicht schaden und wenn Ihre Handelsentscheidungen von mehreren Säulen gestützt werden, kann dies nur zu Ihrem Vorteil sein,

Nicht nur die Indikatoren geben Aufschluss auf einen Kursverlauf, auch die sogenannten Chart-Muster (wie beim Candlestick-Chart). Man bezeichnet diese als Chart-Formationen und sie treten in Form von Trendbestätigungs- und Trendwendeformationen auf.

Einige Beispiele, die einen Trend bestätigen, sind z. B.: Flaggen, Wimpel, auf- und absteigende Dreiecke.

Beispiele für eine Trendwende: Schulter-Kopf-Schulter (SKS), Rounding Top/Bottom, Double Top/Bottom und V-Formationen.

Um lukrative Handelsentscheidungen treffen zu können, müssen Sie sich eingehend mit der Technik und den Analysen beschäftigen, um zuverlässig die Trends erkennen zu können.

Die Kaufsignale

Nur, wenn Sie die richtigen Kauf- und Verkaufssignale erkennen, können Sie erfolgreich beim Forex-Trading handeln. Von den großen Trendimpulsen träumt jeder Trader. Die großen Gewinne einzustreichen, nicht nur ein Taschengeld nebenbei zu verdienen und sich ein stabiles Vermögen aufzubauen, das sind die Ziele der meisten Händler. Die Frage ist nur – wie erkennt man den Supertrend? Wie sichert man sein Depot und schließt Fehlspekulationen so gut es geht aus? Mit einem Verlust an der Börse ist niemand happy. Achten und erkennen Sie die wichtigsten Kaufsignale.

In den Konstellationen der Charts ergeben sich bestimmte Merkmale, die signalisieren, dass sich etwas „anbahnt“. Nicht nur ein bullishes Signal oder eine Widerstandslinie sind in der Lage, eine solche Veränderung anzukündigen.

DIE 200-TAGE-LINIE

Die Linie ist ein weiteres Instrument der Chart-Technik und gilt als eines der einfachsten Hilfsmittel. Daher ist diese Technik hervorragend für Einsteiger geeignet. Wie alle Indikatoren erfüllt auch die 200-Tage-Linie den Zweck, eine Trendwende schnell zu erkennen und bringt somit den Trader in die Lage, den Kursschwankungen entgegenzuwirken. Sobald die ausgewählte Devise über die Widerstandslinie steigt, weiß der Investor, dass er kaufen sollte. Unter großer Wahrscheinlichkeit ist mit einem Kursanstieg zu rechnen.

Umgekehrt – fällt der Kurs hingegen von oben unter die Linie, dann sollte der Anleger besser verkaufen. Es wird angenommen, dass der Kurs noch weiter fällt.

Es gibt viele Studien, die belegen, dass es besser ist, dem Trend und den Angaben der 200-Tage-Linie zu folgen, als sich dagegen zu entscheiden. Das Instrument hat sich bewährt, aber es ist vernünftig, eine gewisse Disziplin zu wahren. Die Technik der 200-Tage-Linie bietet Ihnen klare Regeln für einen Ein- oder Ausstieg. Noch einschneidender wird die Bedeutung der Linie, wenn sie von einem Bullen oder Bären verteidigt wird. Somit wird der vorherige Trend bestätigt.

Dennoch gibt es auch Nachteile.

So liefert die Linien-Strategie öfter Fehlsignale bei den Seitwärts-Phasen. Um sich von solchen Signalen nicht irritieren zu lassen, wartet man am besten ab, in welche Richtung sich der Trend bewegt – aufwärts oder abwärts.

Als weiteren Nachteil könnte man auch den Bekanntheitsgrad dieses einfachen Indikators benennen. Die meisten Marktteilnehmer kennen die 200-Tage-Linie und ihre Wirkungsweise. Das übt einen großen, psychologischen Faktor aus. Zudem sollte man die hohen Transaktionskosten, die bei einem Kauf oder Verkauf anfallen, nicht außer Acht lassen.

Unterm Strich bleibt zu sagen: Die 200-Tage-Linie ist dennoch eine gute Basis für erfolgreiches Handeln.

DER MORNINGSTAR

Aus der Candlestick-Familie kommend ist der Morningstar besonders zuverlässig und liefert signifikante Signale. Bei einer Orientierung auf Wochenbasis finden Sie wichtige Ausgangsparameter für neue und prägnante Trendentwicklungen. Dabei sollten Sie sich immer an die strengen Regulierungen der Bestätigung und Reichweite halten, sonst könnte dieser „Schuss“ nach hinten losgehen. Ein Morningstar besteht aus drei Kerzen, für den Sie ein Zeitfenster festlegen.

Wenn auf eine rote Kerze so ein Doji folgt und ihm eine kleinere Kerze folgt, deren oberer Docht und unterer Docht länger ist, und sofern der Eröffnungs- und Schlusskurs unterhalb des Körpers der roten Kerze liegen, so ist das die ideale Formation. Folgt der mittleren Kerze dann eine grüne Kerze und liegt die grüne Kerze über der Mittleren oder den Dojis, ist der Idealfall eingetroffen. Dies bedeutet nämlich, dass ein „Machtwechsel“ stattfindet und die Marktdominanz sich hier verändert. Die rote Kerze deutet die Machtstellung des Bären an, der Doji zeigt an, dass ein Gleichgewicht zwischen Bären und Bullen entstanden ist und das könnte in Abgaben oder neue Käufe übergehen. Die Indikatoren für die Trendwende sind:

- Dem Morningstar muss eine markante Abweichung zu den vorausgegangenen Ereignissen zu erkennen sein.
- Eine unmittelbar folgende grüne Kerze bestätigt diesen Trend, dann gilt die Formation als wertig.

Bedenken Sie immer: Sie haben eine gewählte Zeitachse und in dieser Reichweite drei bis vier Kerzen, danach wird die Aussage des Kaufsignals sich wieder verringern.

SKS, DIE SCHULTER-KOPF-SCHULER-FORMATION

Bei dieser klassischen Chart-Technik lässt sich klar die sukzessive Übernahme von der bearishen in eine bullishe Dominanz erkennen. Gegenüber dem Morningstar findet dies allerdings in einem weitaus breiteren Zeitfenster statt. Den mittlerweile bekannten Morningstar findet man in dieser Konstellation oft auch als ein Teilelement der SKS.

Der Abwärtsbewegung folgt ein Zwischentief und wenn in der Gegenbewegung verkauft wird, hat das ein neues Tief zur Folge. Das könnte bereits auf eine umgekehrte SKS hinweisen, wenn auch noch nicht ganz deutlich erkennbar ist, ob diese Trendwende sich niederschlägt.

Folgt nun dem neuen Tief wiederum eine Gegenbewegung, die fast an den Stand der ersten Gegenbewegung heranführt, wird zwar der Kurs erneut fallen, jedoch nicht erneut an das letzte Tief herankommen. Der Kurs dreht sich nun deutlich und steht oberhalb dieses Tiefs. Dann bedeutet dies, dass die Investoren das Niveau dieses letzten Tiefs als attraktiv genug empfinden, um einzusteigen. Der Trend geht wieder aufwärts und die Stimmung hat sich erhellt.

DER RSI (RELATIVE STRENGTH INDEX)

Auch der RSI unterstützt bei der Bestimmung der Marktbewegungen und vergleicht vergangene und aktuelle Trends über einen gewissen Zeitraum und setzt den Mittelwert dieser Bewegungen ins Verhältnis zueinander. Um die aktuelle Marktlage zu eruieren, bedient sich der RSI im Wesentlichen Linien-Charts. Diese zeigen den Basiskurs an. Der Indikator rechnet mit einem Wert von 0 – 100

Sobald dieser Index einen Wert von mindestens 70 erreicht hat, geht der RSI davon aus, dass der Markt überkauft wurde und das bedeutet, dass der Kursanstieg stärker als erwartet ist.

Der Wert bei 50 benennt die Trennlinie zwischen den Symbolen Bulle und Bär. Geht es wieder aufwärts, zeigt der RSI über 50 an und im Abwärtstrend liegt er darunter.

Zeigt der Index einen Wert von weniger als 30 an, wird dies als ein Signal für einen Über**ver**kauf bewertet. Bei diesem Szenario ist der Kursabfall stärker ausgefallen, als der Markt es erwartet hat. Der Indikator besteht aus zwei Gleichungen. Eine Formel ermittelt die anfängliche relative Stärke und daraus errechnet sich der RSI wie folgt: RSI = 100 (100/1+RS)

Das Design ist ähnlich wie bei den anderen Kurscharts. Sie beachten hierbei die Schwingungen des RSI und verbinden dann die Trennlinien. Der Bruch der Linie gibt Hinweise darauf, ob sich der Verlauf fortsetzt oder eine Kursumkehr zu erwarten ist.

Der RSI steht Ihnen auf allen MetaTrader-Handelsplattformen zur Verfügung und zeichnet sich besonders für den Handel mit einer hohen Volatilität aus. Auch, wer sich für Kryptowährungen interessiert, findet mit dem RSI ein hervorragendes Werkzeug für diesen Markt.

Meist wird der Indikator von den Tradern zu Bestätigungszwecken einer vermuteten Trendentwicklung verwendet. Somit bekommt der Investor einen Einblick, in welchem Verhältnis der Basiswert steht und ob dieser womöglich überkauft ist. Andersherum sieht er auch, ob eventuell ein Überverkauft stattfindet. Diese Einsicht hilft, das Verhältnis zwischen dem RSI und der Divergenz (Ungleichgewicht zwischen dem Kurs und dem Indikator) zu bestimmen. Im Devisenmarkt spricht dann beispielsweise von einer Divergenz der jeweiligen Währung, aber auch hier gibt es verschiedene Divergenzen:

- die bullishe Divergenz
- die bearishe Divergenz.

Von einer **versteckten** bullishen Divergenz spricht man, wenn ein Kurs aufeinanderfolgende Tiefs erlangt, während das Hinweiszeichen weiter fallende Tiefs anzeigt und der aktuelle Tiefstand noch niedriger ist als der vorausgegangene.

Eine **versteckte** bearishe Divergenz spiegelt die Zusammenbildung von zwei Hochs, die direkt aufeinanderfolgen. Dabei ist das momentane Hoch niedriger als das ihm vorausgegangene Hoch. Diese Option zeigt zwei gleichzeitig aufeinanderfolgende Hochs an, wobei das aktuelle immer höher liegt als das vorherige.

Die Tendenzen bei den versteckten Divergenzen sind jedoch nicht von späteren Änderungen geprägt.

Beachten Sie nun die nachfolgenden **Strategien.** Es gibt zwei Möglichkeiten, mit den Abweichungen umzugehen:

1. Zeiteinheiten filtern. Wenn z. B. das Indikatorfenster in einem Bereich Unterschiedlichkeiten anzeigt, wechseln Sie in den Zeitraum, in dem das Geschehen bereits erkannt wurde. Ein Signal informiert Sie über die Konstellation der Zeiteinheiten, die unterschiedlich sind zu der im derzeit wirklichen Chart.
2. Bei Ihrem Eintritt und nach einer bedeutenden Entwicklung müssen Sie auf die Verbindung einer Divergenz warten, die dem Trend eines Charts mit einem breiteren Zeitfenster entspricht. Ist in einem Chart eine Aufwärtsbewegung erkennbar, können Sie den Rebound für sich ausnutzen, indem Sie dann in ein anderes Chart wechseln und dort auf eine Umkehr

warten.

Es ist immer zu empfehlen eine zweite Divergenz zu beobachten. Eine Divergenz kann auf eine Trendwende hinweisen, dass bedeutet jedoch nicht zwangsläufig, dass dies auch geschieht. Mit jeder weiteren und zusätzlichen Information stehen Ihre Chancen, eine evtl. Trendumkehr zu erkennen, jedoch deutlich besser.

Zu den Vorteilen des RSI gehört sicher das sofortige Erkennen des Marktes und ob dieser überkauft oder überverkauft ist. Er liefert einfache Interpretationen und lässt das schnelle Erkennen von Trends zu. Aber auch ein RSI ist keine Zauberwaffe, mit der man nur winkt und alles wandelt sich in Gold. Wie jedes Tool kann auch dieser Indikator u. U. falsche Signale liefern.

Auch bei diesem Tool bietet es sich an, zunächst ein kostenloses Demokonto zum Üben zu nutzen. So können Sie sich in realistischer Marktumgebung an die Trading-Strategien gewöhnen und sind dabei ohne Risiko und finanzielle Schäden tätig.

BÄRENFALLEN

Den Aufwärtsimpuls, besser gesagt seinen Ursprung, finden Sie oft in einem Verkaufssignal. Wie geht das?

Das kommt daher, weil diejenigen, die auf der Short-Seite aktiv waren, ihre Positionen nun verändern müssen. Soll eine Short-Position verändert werden, muss man entweder kaufen oder in den Future-Long gehen. Die Bären werden damit quasi überrumpelt und tragen somit unfreiwillig zur Rallye bei. Die meisten Kurzzeit-Trader drehen ihre Positionen dann komplett und kaufen doppelt ein. So versuchen sie, aus dem Short herauszukommen und ins Long überzugehen, damit sie dann von der Rallye profitieren können. Bei diesem Szenario kann es jedoch durchaus vorkommen, dass das Verkaufssignal, welches in diese Bärenfalle geführt hat, zunächst bestehen bleibt, was wiederum dazu führt, dass viele bis auf Weiteres nicht in den Long gehen. Die meisten denken, dass die Rallye bald wieder vorbei ist. Das Verharren auf der Short-Position bestätigt den Kursanstieg jedoch meistens, da die Bären sich nach und nach zurückziehen und den Kursanstieg damit sogar noch intensivieren. So entsteht ein kurioser Stimmungswechsel, der den Kursanstieg weiterhin anfeuert.

Der weiter oben im RSI erwähnte MetaTrader 4 ist eine der bekanntesten Handelsplattformen für Forex-Trader. Es hat sich bisweilen eine große Gemeinschaft von Forex-Händlern gebildet und es kann sehr nützlich sein, sich mit anderen auszutauschen und sich ein wenig Unterstützung zu holen. Neben einer automatisierten Trading-Methode bietet der MetaTrader 4 auch die Möglichkeit zu eigenen technischen Indikatoren, wie z. B. dem Expert Advisor, zu greifen und Sie können über Ihr Smartphone traden.

Was ist ein Expert Advisor?

Übersetzt bedeutet es „der Ratschlag eines Experten". Kurz nennt man diese EA. EAs sind Programme, die automatisiertes Trading auf dem MetaTrader 4 ermöglichen. Die EA-Roboter mit ihren analytischen Fähigkeiten sind auf die Vorlieben des Traders abgestimmt. Diese Funktionen können Sie selbst bestimmen und auf Ihre Bedürfnisse und nach Ihrem Geschmack abstimmen. Sie haben zwei Möglichkeiten: Zum einen können Sie einen EA auf dem MetaTrader 4 kaufen, zum anderen können Sie Ihren eigenen EA erstellen. Diesen können Sie selbst programmieren und nach Ihrem Handelsverhalten entwickeln. Natürlich erfordert dies Kenntnisse und wer nicht aus der IT-Branche kommt, wird es hobbymäßig wahrscheinlich nicht so erstellen können, dass es in der Praxis funktioniert. Was nicht heißt, dass Sie es nicht durchaus versuchen können. Gewisse Kenntnisse setzt es jedoch voraus.

Erfahrene Trader können die Marktbedingungen sehr gut definieren, kennen unterschiedliche Indikatoren aus den technischen Analyse-Tools. Für Profis ist es leichter, einen für Sie zugeschnittenen EA zu bestimmen und entsprechend zu programmieren.

Gott sei Dank gibt es auch für Beginner einfache Handelsanwendungen auf dem MetaTrader 4. Davon sind einige kostenpflichtig, andere stehen Ihnen gratis zur Verfügung. Aber um die EAs kennenzulernen, können Sie sich immer eine kostenlose Version downloaden und einfach ausprobieren. Danach können Sie sich immer noch entscheiden, ob Sie zum Kauf übergehen, eine Version mieten oder selbst programmieren möchten.

Gerade für Neulinge am Forex-Trading-Markt bietet automatisiertes Trading optimale Startvoraussetzungen. Der Online-Handel ist vielseitig und es braucht Zeit, sich in die Materie einzuarbeiten, sich zu informieren und die Kenntnisse für ein erfolgreiches Handeln an dieser schnelllebigen Börse zu erwerben. Jeder Trader entwickelt sein eigenes System, aber nur mit Erfahrung und Know-how wird es möglich, gewinnbringend zu traden.

Den Zeitfaktor sollten Sie dabei nicht unterschätzen, denn auch das Einlesen in die Märkte, Handelssignale zu verstehen und sich diese zunutze zu machen, erfordert viel Zeit. Speziell beim Day-Trading werden Sie schnell bemerken, dass dies eine tagesfüllende Aufgabe ist. Immer am Ball bleiben, immer informiert sein. Hier sind EAs eine wertvolle Unterstützung. Ihr personifizierter Expert Advisor ist so konfiguriert, dass er auf Basis Ihrer definierten Strategie für Sie Orders platziert, Risiken steuert und in Ihrem Sinne handelt. Sie haben jedoch auch die Möglichkeit, manuell verschiedene Indikatoren zu setzen, um entsprechende Handelssignale zu generieren. Sie können dann selbst entscheiden, ob Sie eine Position eröffnen oder schließen möchten. Bei dieser Variante behalten Sie die Geschehnisse im Auge und haben somit sozusagen die Handelsgewalt. Wie auch immer Sie sich entscheiden, welche Strategien Sie auch wählen, beachten Sie immer eines: Stellen Sie sicher, dass Sie die Systeme verstehen und praktizieren Sie ausreichend, bevor Sie sich entscheiden. Alle Märkte haben eine eigene Dynamik – Aktien, Rohstoffe, Devisen. Sie alle agieren unterschiedlich und bevor Sie sich für einen EA entscheiden, erkundigen Sie sich zunächst unbedingt, wofür dieser konzipiert wurde. Ein großes Augenmerk auf diese Parameter zu legen, ist bei der Auswahl besonders entscheidend.

Generell können die EAs zwar auf jedem Markt eingesetzt werden, besonders geeignet sind sie allerdings für einen sehr liquiden Markt, da die meisten Roboter auf einer Chart-technischen Analyse basieren und diese nur dann gut funktioniert, wenn der Markt genügend aktive Teilnehmer vorweist und die Liquidität sorgt zudem für engere Spreads (steht für Bid-Ask-Spread und bedeutet Geld-Brief-Spanne). Doch dazu später mehr.

EAs bieten Ihnen Unterstützung bei Ihrem Online-Handel, aber sie müssen entsprechend und vor allem gut programmiert sein. Schon kleine Fehler in der Codierung können dazu führen, dass falsche Signale gesetzt werden und Trades ausgeführt werden, die nicht in Ihrem Sinne sind. Das passiert nicht nur bei Eigenprogrammierungen, es kann Ihnen auch mit einer gekauften Version passieren. Daher erneut der Hinweis: Gehen Sie besonnen und aufmerksam damit um.

Beim MetaTrader 4-Download haben Sie eine breite Auswahl an Expert Advisors. Viele sind kostenlos, andere kostenpflichtig. Sie erhalten dort wertvolle Infos über die Indikatoren, Finanzmagazine und Bücher. Beachten Sie hierbei auch die Kundenrezensionen und sehen Sie sich die Screenshots an. Entscheiden Sie selbst, welche für Sie verständlich und übersichtlich sind. Alle Produkte können Sie in einer Demoversion testen. Auch können Sie immer die ersten paar Seiten eines Buches oder Magazins einlesen, bevor Sie sich entscheiden. Prüfen und wählen Sie sorgfältig aus! Schlussendlich ist es nicht der Preis oder die Dauer der Miete, die für Ihren Erfolg maßgeblich ist. Das Produkt muss zu Ihnen und Ihrer Handelsmethode passen. Weiterhin möchte ich auf einige andere, wichtige Punkte hinweisen:

Das Instrument. Wollen Sie ausschließlich die Forex-Märkte erobern und nur an diesem Markt handeln? Wie soll die Handelsstrategie aufgebaut sein? Unter welchen Voraussetzungen eröffnen oder schließen Sie eine Position wieder? Wie ist das Risikomanagement aufgebaut – welche Parameter gibt es, die das Verlustrisiko begrenzen? Stop-Orders, etc.? Wie hoch darf/soll die Positionsgröße gegenüber dem Kontovolumen sein? Das Money-Management ist ein wichtiger Punkt! Wie ist die Zeitebene eingestellt? Soll immer die aktuelle (Ihre) Zeitzone genutzt werden oder auch andere? Wie werden die Ein- und Ausstiegssignale generiert? Feste Basis oder „tick-by-tick“? Wie viele Trades darf/soll Ihr EA maximal gleichzeitig eröffnen? Und Sie sollten sich fragen, über welche weiteren Parameter muss mein EA verfügen?

Wer sich zutraut einen EA zu programmieren, der kann dies über den MetaEditor vornehmen. Ohne fundiertes Wissen ist davon jedoch abzuraten. Eine Fehlprogrammierung kann fatale Folgen nach sich ziehen. Wenn auch ausreichende Fachlektüre und im Netz viele Informationen zu finden sind, so sollten Sie dennoch nicht Ihre Kenntnisse auf die Probe stellen. Auch hier spielt der Faktor Wissen und Intensität wieder eine große Rolle. Sich zu informieren, zu lernen, zu praktizieren, bedarf Zeit, viel Zeit.

Angenommen, Sie haben einen Forex-Robot gekauft oder gemietet und sind nun bereit für den Handel. Nun müssen Sie noch wissen, wie Ihre

Handelszeiten ausgelegt werden sollen. Wenn Sie quasi rund um die Uhr traden möchten, ist Ihnen dies physisch gar nicht möglich. Damit der EA jedoch seiner Arbeit nachgehen kann, muss Ihr Rechner immer an und der MetaTrader geöffnet sein.

Sie können auch einen Server mieten. Dieser kann via Internet von Ihrem Zuhause abgerufen werden. So ein **Virtual Private Server,** kurz VPS, steht in einem Rechenzentrum und geht von dort aus seiner Arbeit nach. Das erspart Ihnen Geräusche in Ihren Wohnräumen. Er ist relativ gut vor Vorkommnissen, wie z. B. einem Stromausfall, abgesichert und das verhindert einige Risiken. Beispielsweise könnte so ein Umstand dazu führen, dass eine Position zu lange geöffnet ist und Sie dadurch bedingt in ein Minus geraten könnten. Mit dieser Methode lagern Sie quasi Ihr komplettes Handelssystem auf den VPS um, haben jedoch jederzeit Zugriff auf das Geschehen. Für Trader, die aus Spaß und Freude handeln, die dazulernen möchten und den gewissen Kick suchen, ist ein VPS wahrscheinlich nicht so interessant. Sie möchten „davorsitzen" und live dabei sein.

Zurück zu den EA: Trading-Robots bieten Ihnen den Vorteil, dass die gewünschten Märkte von ihnen überwacht werden, ohne dass Sie selbst präsent sein müssen und das verschafft Ihnen Zeit. Dem EA entgeht keine Handelsmöglichkeit, einem Menschen unter Umständen schon. Und eine Beobachtungsphase kann lange und sehr intensiv sein. Und – Robots sind nicht emotional. Sie verfolgen die vorgegebene Strategie und lassen sich durch nichts beeinflussen. Wir Menschen sind emotional, haben evtl. Stress, sind abgelenkt, nicht diszipliniert genug. Hat sich die von Ihnen voreingestellte Strategie bewährt und Ihr EA diese emotionslos umgesetzt, werden Sie durch die konsequent durchgeführte Order vor eigenen Fehlern bewahrt.

Man kann nun damit argumentieren, dass auch Maschinen Fehler machen und das ist durchaus richtig. Wenn man aber unsere Geschichte betrachtet, stellt man doch unweigerlich fest, welchen großen Einfluss diese auf uns haben und wo sie uns überall dienlich sind. Schlussendlich wäre Online-Trading ohne Internet auch nicht möglich. Fakt ist, beim Trading gibt es viele technische Indikatoren, die als Entscheidungshilfe dienen und Ihnen bei schwerwiegenden Entscheidungsfragen erhebliche Erleichterungen verschaffen können. Nach wie vor gilt auch hier – der Mensch programmiert, die Technik führt aus. Sie entscheiden über die Parameter, die Handelsstrategie und Sie wählen die entsprechenden Tools.

Die Vorteile eines EA noch einmal im Überblick:

- Mit einem EA wird laufendes Trading ohne Ihre Präsenz möglich.
- Der EA handelt emotionslos und lässt sich nicht ablenken.
- Ein EA hält an der Strategie fest, was diszipliniert das Risikomanagement und das Money-Management durchführt.
- Der EA entscheidet sofort und überwacht dabei noch die vielen Märkte.

Wichtige Grundlagen beim Optionshandel

Wenn Sie eine Option kaufen, zahlen Sie als Trader von dem Guthaben auf Ihrem Konto eine Prämie. Die Gewinne können enorm sein. Beim Verkaufen einer Option erhalten Sie die Prämie hingegen auf Ihr Konto. Nachteil – verläuft der Markt gegen Ihre Position, können die Verluste erheblich sein. Um dieses Risiko zu minimieren, können Sie die Stop-Loss-Order platzieren oder mit dem Kauf einer weiteren Option diesem Verlust entgegenwirken und somit das Risiko verringern.

Ganz klar – beim Kauf einer Option tragen Sie das geringere Risiko, dann verlieren Sie maximal Ihre Prämie. Mit dem Verkauf können Sie ein regelmäßiges Einkommen erzielen. Sie können es sich so vorstellen: Sie fungieren dann quasi wie ein Versicherungsmakler, der die Absicherung einer Position zusichert. Dafür erhalten Sie dann Ihre Optionsprämie. Läuft der FX-Markt dann in die von Ihnen gewünschte Richtung, steht Ihnen der Profit aus der Übernahme des Risikos zur Verfügung und gehört Ihnen. Liegen Sie falsch, ist das wie beim Leerverkauf im Kassahandel.

DIE VORGEHENSWEISE

Sie haben sich einen Basiswert ausgesucht und entscheiden. Sie glauben nun, dass dieser Kurs steigen wird. Sie haben nun drei Möglichkeiten:

Wenn Sie zu einem bestimmten Preis kaufen, üben Sie eine Call-Option aus. Call-Optionen werden vorzugsweise von Marktteilnehmern genutzt, die der Meinung sind, dass der Markt und somit der Kurs steigen wird. In diesem Falle gehören Sie ins Bull-Trader-Lager.

Sie kaufen eine Option. Sie können die Position jederzeit schließen und verlieren schlimmstenfalls Ihre eingezahlte Prämie.

Sie verkaufen mit einer Put-Option zu einem vorher bestimmten Preis.

Sie sind nun der Meinung, dass der Kurs sinkt. Folglich gehören Sie in das Bären-Trader-Lager. Ist der Preis des Bezugswertes bei Ende der Laufzeit gestiegen, können Sie die eingenommene Prämie zur Gänze behalten.

DIE STANDARDOPTIONEN

Standardoptionen werden auch gerne **Plain Vanilla Option** genannt. Eine Standardoption ist ein Kontrakt, der Ihnen das Recht gibt, einen Basiswert und die Menge zum vorher bestimmten Zeitpunkt entweder zu kaufen oder zu verkaufen. Auch können Sie bestimmen, wann und zu welchem Preis. Die Optionen können über einen gewählten Zeitraum genauso gehandelt werden, es spielt keine Rolle, ob nur für ein paar Stunden, Tage oder ein Jahr.

Optionshandel ist für Einsteiger nicht immer leicht zu verstehen, wer sich aber mit dem Geschäft auseinandersetzt und sich einarbeitet, der ist schnell begeistert und will immer mehr darüber in Erfahrung bringen. Es übt eine Faszination und einen großen Reiz aus, die vielen unterschiedlichen Möglichkeiten kennenzulernen, die Chancen, aber auch die Risiken abwägen zu können, die unterschiedlichen Tools auszuprobieren und die Fachbegriffe zu verinnerlichen. Last but not least lockt natürlich auch der Ruf des Geldes.

Die Terminologie

KAUFOPTIONEN

Sie können beide Optionsarten wählen – kaufen oder verkaufen. Um in den Besitz einer Option zu kommen, müssen Sie diese einem Verkäufer abkaufen. Dieser Kauf wird Prämie genannt. Wenn Sie als Käufer auftreten, zahlen Sie die Prämie.

Neben dem aktuellen Basiswert einer Option orientiert sich die Höhe der Prämie auch am Faktor Zeit. Optionen sind Terminkontrakte. Den Tag, an dem Sie Ihre Option ausüben, nennt man Laufzeitende. Für länger laufende Optionen werden höhere Prämien verlangt. Das ist ähnlich wie bei Versicherungsverträgen oder Kreditvarianten zu betrachten.

DIE MARKTVOLATILITÄT

Sie haben bereits von der Marktvolatilität erfahren... Diese bestimmt die Prämie. Eine hohe Volatilität erhöht also den Preis der jeweiligen Option, denn das bedeutet, dass die Wahrscheinlichkeit für eine positive, also gewinnbringende Marktbewegung, groß ist und das evtl. sogar noch vor Erreichen des Basispreises (Strike). Sie können sich täglich dazu entscheiden, eine Position zu schließen und die bis dato erzielten Gewinne aus dem Prämienanstieg einzustreichen oder darauf spekulieren, dass diese weiter steigt und noch verweilen. Entscheidend werden hierfür Ihre technische Ausstattung und Ihre Erfahrungswerte sein.

RECHNER, GRÖßEN UND KALENDER

Um zu wissen, was, wann und wo am besten zu traden ist, ist es entscheidend, die Stunden-Volatilität zu kennen. Mit einem **Zeitzonen-Umwandler** für die stärksten Forex-Handelsstunden behalten Sie einen Überblick der Währungsmärkte im Auge. Die Eröffnungskursspanne eines Marktes gibt den Ton an und die sich überschneidenden Handelsstunden sind stärker frequentiert. Daher lohnt sich ein Zeitzonen-Rechner. So wissen Sie immer ganz genau, welche Märkte gerade geöffnet sind und genauso wissen Sie, wo gerade am meisten los ist.

Als Trader muss man immer informiert sein und die entsprechenden Berichte, wie sich der Forex-Markt auswirken könnte, werden im Auge behalten. Dabei hilft Ihnen der **Forex-Kalender.** Mit jedem Eintrag in den Kalender erhalten Sie zudem wertvolle Informationen. Das Tool übersteigt die Funktion eines normalen Kalenders bei Weitem. Die Forex-Trader nehmen den Kalender sehr wichtig, gibt er doch die maßgebliche Währung und die zu erwarteten Auswirkungen an. Ebenso gibt er die derzeitigen, die vorherigen und prognostizierte Berichtzahlen an.

Um sicher zu traden, sollten Sie die 2 Prozent-Regel nicht überschreiten und Ihr Konto darüber hinaus nicht belasten. Mit dem **Positionsgrößenrechner** finden Sie ein weiteres und einfaches Forex-Tool, welches die Berechnungen für Sie übernimmt. Er gibt Auskunft über die Kontowährung, das von Ihnen gewählte Währungspaar, den Kontostand, den Risiko-Prozentsatz (Richtwert 2 %) und eine nach Ihrem Set-up angelegte Stop-Loss-Order.

Als Forex-Trader behalten Sie einige wichtige Werte im Kopf. Die als Widerstands- oder Unterstützungsmarkierung bekannten Punkte nennt man Pivot-Punkte.

Mit einem **Pivot-Punkt-Rechner** können Sie die Pivot-Punkte der Währungspaare berechnen. Geben Sie hierzu den Hoch-, Tief- und den Schlusskurswert der vorausgegangenen Handelszeit ein und der Rechner gibt Ihnen den Punktwert an. Die meisten Trader verwenden als Zeitangabe GMT 00:00 als Beginn und Ende einer Handelsphase, da am Forex-Markt täglich 24 Stunden gehandelt wird. Auch beim Pivot-Punkt-Rechner stehen Ihnen verschiedene Varianten zur Verfügung. Auch hier gilt es, auszuprobieren, mit welcher Variante Sie am besten zurechtkommen.

Und natürlich ... das Forex-Risikomanagement

Für jeden Trader essenziell und einer der wichtigsten Faktoren beim Forex-Trading. Es wäre fatal, das Risikomanagement zu ignorieren und sich nicht intensiv mit dem Thema auseinanderzusetzen und sich eingehend darüber zu informieren. Wer am Forex-Markt erfolgreich sein will, der muss sich mit dem Risikomanagement befassen. Es ist dringend zu empfehlen, dass Sie sich mit Positionsgrößen befassen, diese bestimmen können und sich nicht ausschließlich auf Ihr Glück verlassen. Trader beim Forex setzen bei jedem Trade auf das ganz große Los, dennoch dürfte wohl kein Trader auf langfristigen Erfolg verzichten wollen und wer mit Profit handeln möchte, der muss auf Langzeitbasis seine Verluste kontrollieren können und in den Griff bekommen. Der mögliche Verlust sollte immer einkalkuliert werden und die notwendigen Parameter sollten gesetzt werden, um am Ende des Tages wieder ein positives Ergebnis verzeichnen zu können.

Hier stellt sich bereits die erste Frage: Wie viel Kapital wird für einen Start am Forex-Markt benötigt? Sie können sich denken, dass dies ganz individuell zu betrachten ist und je nachdem, wie Sie Ihren Handel angehen möchten. Dazu müssen Sie natürlich wissen, was für Sie die beste Methode ist, daher gilt – Wissen aneignen! In gewisser Weise ist Wissen auch Kapital und kann dieses vor größerem Schaden bewahren. Sie verfügen mittlerweile über die Grundlagen und Basiskenntnisse, haben verschiedene Formen und Begriffe erlernt. Nun sollten Sie sich für eine Möglichkeit entscheiden, wie Sie dieses Wissen vertiefen möchten. Wählen Sie den Alleingang und probieren alles selbst aus? Möchten Sie sich Einlesen und evtl. ein Seminar besuchen? Oder schließen Sie sich einem Forum an und tauschen sich mit anderen aus? Ein persönlicher Mentor ist großartig, kostet aber auch Geld und nicht jeder kann oder möchte sein Kapital für Schulungsmaßnahmen einsetzen. Die Kosten können intensiv sein und erreichen schnell einige tausend Euro. Setzen Sie es in Relation: Was möchten Sie wie schnell erreichen? Die guten Handelsplattformen bieten jedoch auch zahlreiche Informationen gratis an und stellen diese bereitwillig dem Nutzer zur Verfügung, denn natürlich ist es ihr Interesse, neue und potenzielle Trader für sich zu gewinnen. So finden Sie zahlreiche Quellen, die Ihnen den Einstieg erleichtern. Es ergibt Sinn, die breit gefächerten Informationen mit guten Lehrbüchern zu intensivieren und Ihre Kenntnisse darin zu vertiefen. Als Trader müssen Sie sich ständig weiterbilden und informieren. Der Markt ist rasant und wer nicht am Ball bleibt, der bleibt möglicherweise auf der Strecke.

Zur weiteren Ermittlung der Kosten müssen Sie sich informieren, welche kostenlosen Tools der von Ihnen gewünschte Online-Broker auf seiner Plattform zur Verfügung stellt und welche Sie evtl. noch zusätzlich beziehen möchten. Wie weiter oben erwähnt, bietet die Branche einige wertvolle und kostenlose Analyse-Tools an. Für spezielle Indikatoren und hochwertigere Charting-Software fallen monatliche Gebühren an. Je nachdem, was Sie wählen, können Sie hierbei von ca. 100 € im Monat ausgehen. Dies sollte in Ihrer Kalkulation berücksichtigt werden.

Schlussendlich sollten Sie nun auch noch Ihr Budget für das Startkapital zum Traden eruieren. Dies sollte in einer Höhe ausfallen, die Sie verschmerzen können und deren Verlust Sie nicht in finanzielle Bedrängnis führt. Natürlich ärgert man sich, wenn man Kapital verliert, aber eine zu emotionale Bindung zum Betrag lässt einen schnell den Kopf verlieren und Fehlentscheidungen sind vorprogrammiert. Zwar bieten viele Broker Ihnen bereits einen Account ab 25 Euro Eröffnungskapital an, aber damit lässt sich kein vernünftiger Start, geschweige denn ein adäquates Risikomanagement, durchführen. Denken Sie an die 2 %-Regelung, also dass je Trade maximal 2 Prozent des zur Verfügung stehenden Kapitals eingesetzt werden sollten. Wenn Sie den Handel professionell betreiben wollen und Sie Ihr Forex-Business ernst nehmen, sollten Sie mindestens ein Kapital von 10.000 € zur Verfügung haben. Können Sie dieses nicht aufbringen, bleiben Sie vorerst bei den Demoversionen, sparen Sie inzwischen Kapital an und vertiefen Sie

Ihre Forex-Erfahrungen und Kenntnisse. So können Sie sich gut auf den Tag X vorbereiten und dann durchstarten.

Bleiben Sie der 2 Prozent-Regelung treu und versuchen Sie bestenfalls, noch darunter zu bleiben. Wenn Sie pro Trade nicht über diesen Risikoplan hinausgehen, hilft Ihnen das sehr dabei, über einige Verlusttrades hinwegzukommen und diese zu kompensieren. Setzen Sie Ihr Kapital weise ein und lassen Sie sich nicht verleiten. Gerade Anfänger neigen nämlich dazu. Wenn Sie sich zu häufig verspekulieren und Ihr Risikomanagement missachten oder zu hoch ansiedeln, führt dies lediglich dazu, dass Ihr Einsatz für die nächsten Trades immer weiter sinkt, bis evtl. kein Kapital mehr vorhanden ist. Haben Sie beispielsweise pro Trade mehr als 10 Prozent riskiert, haben Sie nach gut 20 Trades bereits fast 90 % Ihres Kapitals verloren. Mit diesem kleinen Rest dann zumindest das Startkapital wieder zurückzuerlangen, ist fast unmöglich. Daher gilt – weniger ist manchmal mehr.

Keine Frage, mit einem höheren Einsatz lassen sich im Regelfall auch höhere Gewinne erzielen. Dennoch: Das Risikomanagement ist aber dafür konzipiert, Ihren Verlust möglichst kleinzuhalten. Die wenigsten Trader haben gerade geerbt oder einen Lottogewinn einstreichen können. Behalten Sie Ihre Schmerzgrenze im Auge und handeln Sie nur mit Kapital, welches Sie im Worst-Case ohne größere Sorgen verschmerzen können.

Das Risikomanagement ist wahrscheinlich eine der Herausforderungen beim Traden. Es erfordert Disziplin und Weitsicht. Vielen Tradern gelingt es nicht, sich an die eigenen, gesetzten Richtlinien zu halten, erst recht nicht, wenn sich ein Verlusttrade an den anderen reiht. Man ist dann versucht, mehr zu riskieren, um den Verlust schnell wieder wett zu machen. Das funktioniert meistens jedoch leider nicht. Steigen Sie hier lieber aus und überdenken Sie Ihre Trading-Strategie. Analysieren Sie, was, wann und warum nicht funktioniert hat. Informieren Sie sich und holen Sie sich Rat für das Scheitern ein. Bevor Sie sich erneut ans Traden wagen, überlegen Sie ggf., weitere Unterstützungstools einzusetzen und stellen Sie sicher, dass Sie emotional frei sind und den Verlust verkraftet haben.

LEER-KÄUFE

Was sind Leer-Käufe und wie können Sie diese nutzen? Wer handelt, der will erfolgreich handeln, keine Frage. Dabei geht es nicht darum, ob die Kurse steigen oder fallen, sondern um die Strategie des Traders. Die Märkte sind dynamisch und von den Schwankungen können Sie als Trader profitieren. Möchten Sie von den steigenden Kursen profitieren, so tätigen Sie einen Kauf und hoffen darauf, dass die Kurse weiter ansteigen und sie diese später zu einem höheren Preis wiederverkaufen können. Doch was passiert, wenn die Kurse nun fallen? Sie erfahren nun von Leer-käufen, die man auch Short-Selling nennt, welche Risiken ein Leer-Kauf birgt und welche sonstigen Alternativen es noch gibt.

Sie haben nun Ihre Order platziert und Ihren Trade somit auf den Weg gebracht. Die Order wird durch den Broker im Orderbuch hinterlegt und, damit nun die Ausführung der Order vonstattengehen kann, bedarf es einer Gegenseite. Jeder ausgeführte Trade erfordert einen Käufer oder Verkäufer, ganz wie in einem Ladengeschäft. Anders ist jedoch, dass man nicht weiß, welches Ziel die Gegenseite verfolgt. Fakt ist, dass der Käufer die „Ware" bekommt, beim Verkäufer jedoch können verschiedene Ergebnisse aus seinem Verkauf resultieren:

Entweder hat er seinen Bestand verkauft, weil er damit nun Gewinn erzielt hat und diesen mitnehmen möchte oder er hat zum Zweck der Risikominimierung verkauft.

Es könnte allerdings auch der Fall sein, dass der Verkäufer fallende Kurse erwartet und nun das Ziel verfolgt, von diesen Verlusten zu profitieren. Hierbei hat er nun die Möglichkeit, einen Leer-Kauf zu tätigen.

Beispiel:

Unternehmen XY hat, aufgrund schlechter Geschäfte, eine Gewinnwarnung herausgegeben. Sie als Trader glauben nun, dass aufgrund dieser Tatsache die Aktien des Unternehmens nun bald zu einem besseren und für Sie günstigeren Kurs zu haben sind als im Moment. Nun möchten Sie allerdings nicht abwarten, bis die Kurse nach dem Rückgang wieder zu steigen beginnen und nicht erst dann von den Kurszuwächsen profitieren. Sie wollen bereits aus dem Kursrückgang Ihre Gewinne erzielen. Das ist möglich, indem Sie einige Aktien des Unternehmens kaufen, ohne dass diese sich in Ihrem Depot befinden. Ihr Broker leiht Ihnen die entsprechende Anzahl an Aktien zum Verkaufen. Mit diesem Geschehen profitieren Sie jetzt direkt an jedem Kursrückgang. Beachten Sie hierbei jedoch, dass Sie Ihrem Broker gegenüber nun in der Verpflichtung stehen und die Position zu einem anderen Zeitpunkt durch den Kauf der entsprechenden Stückzahl wieder ausgleichen müssen. Dieser Vorgang schließt den Trade dann zur Gänze ab.

Die Trader erarbeiten Ihre Handelsstrategien und spielen diverse Handelsszenarien durch und natürlicherweise werden hierbei auch die Ausstiegsstrategien berücksichtigt. Bei einem Trade auf absteigende Kurse geht der Trader davon aus, dass sich später ein anderer Trader finden wird, der ihn aus seiner Long-Position herausholt, indem er ihm den gestiegenen, nun höheren Kurs abkauft. Leerverkäufe basieren also tatsächlich auf der Annahme, dass der Trader bei abfallenden Kursen davon ausgeht, zu einem späteren Zeitpunkt einen Trader zu finden, der ihm seine Aktien zu einem niedrigeren Kurs verkauft.

SPREADS, TICKS UND PIPS

Zunächst zu den Spreads. Was sind Spreads und wie funktionieren sie? Die Forex-Broker ermöglichen dem privaten Trader den Handel an der Börse, denn beim Forex- und CFD-Trading läuft der Handel an den weltweiten Finanzmärkten nur über die Broker. Manchmal ist dieser Handel über einen Broker sogar kommissionsfrei, was nicht heißt, dass er kostenfrei ist. Ein Broker muss Geld verdienen und dafür gibt es die Transaktionskosten, die Spreads.

Bei einem herkömmlichen CFD-Account fallen normalerweise keine Kommissionen an und der Broker gewinnt seine Einnahmen aus den Spreads.

Spread steht für Geld-Brief-Spanne und bildet die Preisdifferenz zwischen dem An- und Verkaufspreis. Bid = der tiefere Geldkurs / Ask = der höhere Geldkurs. Die Finanzmarkt-Akteure nennt man Market-Maker, diese stehen anderen Marktteilnehmern als Kontrahent zur Verfügung und ermöglichen ihnen somit, deren Transaktionsinteressen zu marktgerechten Preisen zu verwirklichen.

So ein Market-Maker ist nun bereit, den Basiswert vom Händler zu kaufen. Das ist der Preis für den Geldkurs. Daraus resultiert, dass der Briefkurs der Preis ist, für den der Market-Maker zu verkaufen bereit ist.

Je kleiner ein Spread ist, desto niedriger sind Ihre Transaktionskosten beim CFD-Handel. Diese Transaktionskosten fallen immer an den Broker und sind unbedingt zu berücksichtigen. Unter normalen Marktbedingungen, während der Haupthandelszeiten, bleibt der Spread in der Regel bestehen. Ein Zeichen für einen sehr liquiden Markt mit hoher Volatilität können große Spreads sein. Auch hier gilt Angebot und Nachfrage – je häufiger ein Kurs gehandelt wird, desto enger liegen die Grenzen für den Geld- und den Briefkurs beieinander. Für Werte wie EUR/USD sind die Spreads verhältnismäßig klein im Vergleich zu Basiswerten, die seltener gehandelt werden.

Überprüfen Sie die Abrechnungsmodalitäten Ihres Brokers. Wie erwähnt, bei den meisten Handelskonten fallen keine Kommissionen an. Bei anderen jedoch schon, es lohnt sich, dies zu überprüfen und zu vergleichen.

Die vielen Begriffe beim Trading können für einen Neuling am Finanzmarkt schon recht verwirrend sein. So hört man immer von Pips, Punkten und Ticks. Was hat es damit auf sich?

Die Begriffe dienen einerseits der Bezeichnung von Preisänderungen und anderseits als die Beschreibung für das Kostenmaß, welches an den Märkten verwendet wird.

Ein Punkt steht für die kleinstmögliche Preisänderung VOR dem Komma. Ein Tick stellt die kleinstmögliche Preisänderung NACH dem Komma dar. Pips werden speziell beim Devisenhandel verwendet und sind bezeichnend für die zweite oder vierte Nachkommastelle.

Der Punkt stellt immer die größte Einheit einer Preisänderung dar und berücksichtigt hierbei nur die Veränderungen bei den kleinsten Vorkommastellen. Die beiden anderen beziehen sich auf die Veränderungen in den

Nachkommastellen. Pips (price interest point) gibt es nur am Forex-Markt. Sie sind das Maß für die Kursveränderungen eines Währungspaares, daher werden die Spreads für ein Devisenpaar auch immer in Pips angegeben. Ein Pip ist quasi die Standardeinheit, die bemisst, wie stark sich ein Kurs am Markt verändert hat. Pips sind standardisierte Einheiten, die von allen Brokern auf allen Plattformen verwendet werden. Daraus resultiert eine einheitliche Messung und vermeidet Verwirrungen. Wie groß ist so ein Pip?

Ein Pip ist, für die meisten Währungspaare, die Bewegung der vierten Kommastelle. Ausnahmen bieten hier nur die Währungspaare, welche den japanischen Yen beinhalten. Hier bedeutet der Pip die Kennzeichnung der zweiten Nachkommastelle. Um den Gewinn eines Pips zu errechnen, multiplizieren Sie den Pip und Ihre Positionsgröße.

Eine weitere Form des Tradings ist das Spread-Trading. Ein Handelsstil, der für den Trader sehr gewinnbringend sein kann. Diese Form von Spread hat nichts mit Kosten zu tun, hier ist eine Handelsstrategie gemeint. Mit dieser wird das Ziel verfolgt, die gleichlaufenden Abweichungen von Handelsinstrumenten in Gewinne umzuwandeln.

Sie handeln beim Spread-Trading immer mit zwei Positionen zeitgleich. D. h. Sie kaufen eine Long-Position und gleichzeitig verkaufen Sie in gleicher Volumenhöhe eine Short-Position. Das Spread-Trading wird als lukrativ bezeichnet, weil man in drei von vier Fällen gewinnt. Hier wird deutlich warum:

Die Preise können beiderseits ansteigen, jedoch steigt die Long-Position spürbarer als die Short-Position an.

Es besteht die Möglichkeit, dass beide Preise fallen können, wobei die Long-Position aber weniger signifikant als die Short-Position fällt.

Eine weitere Perspektive kann sein, dass beide Preise sich gegensätzlich entwickeln also beispielsweise die Long-Position steigt und die Short-Position fällt.

Bei einem Spread-Trade ist die Richtung, in die der Gesamtmarkt einschlägt, nicht so wichtig. Sie liegen immer mit einer Position Long und mit der anderen Short und solange der gekaufte Wert höher steigt als der

Verkaufte sinkt, verlieren Sie nicht. Gleichermaßen funktioniert es umgekehrt.

DAX und Dow Jones entwickeln sich generell sehr ähnlich. Der Handel ist lediglich bedingt durch die unterschiedlichen Börsenöffnungszeiten, einmal hier und einmal da, etwas reger am jeweiligen Ort. Das führt manchmal zu leicht überzogenen Reaktion der Händler, welche sich im Laufe des Handelstages jedoch wieder regulieren.

Natürlich gibt es beim Trading mit CFDs einige Risiken, die Sie nicht außer Acht lassen sollten. Die Hebelwirkung beim CFD kann nicht nur zu hohen Gewinnen beitragen. Bei gescheiterten Trades führt diese leider auch zu hohen Verlusten. Stellen Sie Ihre Positionsgrößen entsprechend unter Berücksichtigung einer hohen Volatilität ein und berücksichtigen Sie die Haltekosten, um eine evtl. „Glattstellung" Ihres Kontos zu vermeiden.

Bei geringem Eigenkapital bietet der Hebel dem Trader die Option, am Marktgeschehen teilzunehmen und wird daher gern verwendet. Währungskurse unterliegen meist minimalen Schwankungen, teilweise sogar nur in der vierten Nachkommastelle. Bedingt durch die Hebelwirkung werden diese minimalen Pips und die relativ engen Spreads zwischen Kauf- und Verkaufspreis sichtbar gemacht. Diese Wirkung übernimmt der Forex-Broker mit dem Hebel. Das ist der Unterschied zum Investieren in Wertpapiere oder sonstige Güter, bei dem der Wert gleichzeitig in der jeweiligen Landeswährung gehalten wird. Devisenhandel am Forex-Markt findet meist mit Hebel statt. So lassen sich weitere, mögliche Renditen erwirtschaften. Die Hebelwirkung beim Forex- und CFD-Trading wirkt immer in beide Richtungen. Hohen Gewinnen steht auch ein hohes Verlustrisiko gegenüber. Zwar entfällt in Deutschland seit 2017 die sogenannte Nachschusspflicht bei Verlusten für Privatanlegerkosten, aber als Trader sollten Sie in Ihrem eigenen Interesse immer so planen, dass Sie keine Notbremsen ziehen müssen. Auch wenn Sie hierbei „nur" Ihre Einlage verlieren.

Wer sich die Mühe macht, die Kosten für Spreads und Kommissionen zu vergleichen, bleibt auf der sicheren Seite. Denn abhängig ist der finanzielle Erfolg nicht nur von der eigenen Handelsstrategie mit Unterstützung der entsprechenden Tools, für einen Anleger kann der unterschiedliche Kostenfaktor der Broker beim Erheben ihrer Kommissions- und Spread-Kosten von großer Bedeutung werden und die eigenen Gewinne zum Schmelzen bringen. Erneut der Rat – behalten Sie die Transaktionskosten im Auge, unbedingt! Ein guter CFD-Broker sollte Ihnen immer mehrere Kontomodelle zur Auswahl anbieten. Nur so kann er den individuellen Methoden der Trader gerecht werden und eine überschaubare Kostenstruktur anbieten.

Begriffe und Bedeutung in der Übersicht

Es gibt einige zentrale Begriffe beim Forex-Handel, die hier in einer Übersicht mit Erklärung dargestellt sind:

Als **Basiswährung** bezeichnet man die erste Währung eines Währungspaars

Die **Kurswährung** beschreibt die zweite Währung des Währungspaars. Gelegentlich nennt man diese auch die Gegenwährung.

Majors sind immer Währungspaare, die mit dem US-Dollar gehandelt werden.

Minors sind dann entsprechend die Nebenwährungen. Allerdings werden diese beim FX nicht sehr oft gehandelt.

Noch weniger bevorzugt werden am Forex-Markt die sogenannten **Exotics**, wie z. B. der Rubel.

Kreuzungspaare sind Paare, die ohne den US-Dollar gehandelt werden. Dieser Begriff wird Ihnen auch als Cross Currencies begegnen.

Als **Swap-Gebühr** bezeichnet man die Haltekosten einer Position. In der Regel sind das die Zinsen für eine Halteposition über die Nacht.

Die am Devisenmarkt bekannten **Lots** bezeichnen die Investitionsgröße.

Ein **Pip** steht für die kleinsten Änderungen der vierten (mit wenigen Ausnahmen auch der zweiten) Nachkommastelle.

Die **Big Figure** beschreibt die Größe eines Wechselkurses, bei dem die beiden letzten Nachkommastellen gekürzt werden.

Das Schließen einer Position nennt man auch **Glattstellung**.

Als **Spreads** werden die Preisunterschiede aus Kauf- und Verkaufswert bezeichnet.

Zur Eröffnung und Erhaltung einer Position müssen Sie beim Forex-Broker eine Sicherheitsleistung hinterlegen. Diese nennt sich **Margin.**

Leverage ist das Synonym für den Forex-Hebel.

DIE ABKÜRZUNGEN DER HAUPTWÄHRUNGEN

EUR	Euro-Zone
USD	US-Dollar
JPY	Japanischer Yen
GBP	Britisches Pfund
CHF	Schweizer Franken
CAD	Kanadischer Dollar
AUD	Australischer Dollar
NZD	Neuseeländischer Dollar

DAS WÄHRUNGSKREUZ

Als Währungskreuz bezeichnet man ein Währungspaar, das aus den wichtigen Währungen besteht, jedoch ohne den US-Dollar zu beinhalten.

MAJORS UND MINORS

Diese Begriffe werden Sie bei Ihren Aktivitäten am Forex-Markt öfter hören. Unter Majors werden die wichtigsten Währungen zusammengefasst, man nennt sie diesbezüglich auch die Hauptwährungen. Logischerweise sind die Minors dagegen die Währungen, welche nicht so oft und in nicht so bedeutenden Größen gehandelt werden. Sie nehmen einen kleineren Platz am Devisenmarkt ein und nennen sich deswegen auch Nebenwährungen. Beachten Sie hierbei den bereits erwähnten Rat, als Anfänger nicht mit den Minors zu traden, da diese höheren Schwankungen unterliegen.

BID- UND ASK-KURS

Der Ask-Kurs (Briefkurs) ist der Verkaufskurs. Das ist der Preis, den der Trader beim Währungsverkauf erzielen will, also das für ihn beste Ergebnis. Dies ist somit der Preis, für den Sie diese Währung kaufen können. Daraus resultiert, dass der Bid-Kurs der Preis ist, den Sie für den Verkauf einer Währung erhalten können. Oft wird dieser auch Geldkurs genannt. In jedem Fall ist er jedoch immer geringer als der Ask-Kurs.

DIE SPREADS

Die Spreads sind die Differenz zwischen dem Ask- und dem Bid-Kurs. Beim Währungshandel bekommt der Forex-Broker diese Differenz für seine Arbeit. Der Käufer bezahlt also den Ask Price und der Verkäufer bekommt den Bid Price, der Broker den Spread. Der Spread wird in Pips angegeben. Manche Broker arbeiten mit fixen Spreads, andere wiederum machen den Spread von der Liquidität des Marktes abhängig.

PIPS

Als Pip wird die kleinste Kursänderung eines Währungspaars bezeichnet und wird in Pips dargestellt. Meist ist das die vierte Stelle nach dem Komma bei einem Kurs. Bei Paaren, die dem japanischen Yen gegenüberstehen, gilt hier bereits die zweite Nachkommastelle als Pip. Das resultiert daraus, weil der JPY im Vergleich mit anderen Währungen wenig wert ist.

LOTS

Ein Standard-Lot beim Forex-Handel ist die Einheit einer Währung mit dem Referenzwert von 100.000 Einheiten einer Basiswährung. Dieses Handelsvolumen nennt man Lot. Früher war es nur möglich, mit den Standard-Lots zu traden. Heute haben die Broker weitere Lots hinzugezogen und mittlerweile kann das Volumen durch Mini-, Micro- und Nano-Lots erweitert werden. Diese Lots haben ein Handelsvolumen von 10.000, 1000 oder

100 Einheiten. Wegen der geringen Kursveränderungen beim Währungshandel sind nur um wenige Pips notwendig.

DER HEBEL

Wird auch als Leverage bezeichnet. Devisenhändler, die nie an einem anderen Finanzmarkt aktiv waren, kennen die Hebelwirkung gar nicht. Bei Aktien von Banken und Brokern wird der Handel fast ausschließlich ohne Hebel-Option angeboten. Forex-Broker hingegen haben viele Hebel zur Wahl. Abhängig vom Kunden bis zu 1:500. Der Hebeleffekt würde also in diesem Falle Ihren Gewinn um das Fünfhundertfache multiplizieren. Allerdings auch Ihren Verlust, dies dürfen Sie bei aller Begeisterung nicht außer Acht lassen. Da der Broker dem Trader eine Summe X leiht, lockt dies natürlich auch einen Trader an, der nur eine geringe Geldsumme zur Verfügung hat, Trades mit hohem Volumen zu handeln und von den kleinsten Marktbewegungen zu profitieren. Grundsätzlich ist es so, dass nicht der hohe Hebel einen Trade risikoreicher macht, es ist das hohe Volumen, welches mit dem Einsatz eines hohen Hebels gehandelt und überhaupt erst ermöglicht wird. Das macht beim Devisenhandel die Hebelwirkung, ohne den Hebel wäre die Gewinnausschüttung verschwindend gering.

Ein Handel ohne Hebel ist somit für die meisten Trader auch schlecht vorstellbar. Liegen doch die erzielten Gewinne oder auch Verluste nur bei Minimalbeträgen. Das liegt daran, weil schon eine kleine Kursveränderung von nur wenigen Pips bei den Tradern auch immer eine Kauf- und Verkaufsentscheidung veranlasst.

DIE MARGIN

Ist die einzubringende Sicherheit, also quasi der Einsatz für einen Trade. Diese ergibt sich aus der Hebelwirkung. Liegt ein Hebel bei 100:1, dann beträgt die Margin ein Prozent. Beim Abschluss des Trades muss also ein Prozent des jeweiligen Handelsvolumens über das Trader-Konto abgedeckt sein.

DER MARGIN-CALL

Sollte Ihr Konto noch offene Positionen haben, geht es in einen Verlust über und ist nun auch noch die Margin aufgebraucht, dann ruft der Broker einen Margin-Call aus. Daraufhin müssen Sie Ihr Guthaben wieder aufstocken. Ansonsten behält sich der Broker vor, die Positionen zu schließen und dies bedeutet, dass etwaige Gewinne dann nicht mehr generiert werden können.

DIE MARKET-ORDER

Jede einzelne Transaktion gilt als Order und wird dann auch sofort als gewählte Option erledigt. Das ist dann entweder eine Bid- oder Ask-Kurs-Marktet-Order. Beschränkungen seitens der Kurse bestehen hierbei nicht, der derzeitige Kurs bietet immer die Grundlage. Die Market-Order beinhaltet jedoch auch einen Nachteil. So kann es bei Ihrer Eingabe der Order zu einer Kursveränderung kommen und ein Trade, der gerade eben noch sehr lukrativ war, kann sich in einen Verlust wandeln. Diese mögliche und plötzliche Wende müssen Sie berücksichtigen, kann sie doch zu Verlusten führen. Bei einer Limit-Order besteht dieses Risiko nicht.

DIE LIMIT-ORDER

Oder auch Pending-Order genannt. Die Transaktion bei einer Limit-Order wird erst ausgeführt, sofern beim Kauf die gesetzte Obergrenze unterschritten oder andersherum, wenn beim Verkauf eine benannte Untergrenze überschritten wird. Beim Platzieren der Order müssen diese Grenzwerte benannt werden. Gleichermaßen muss auch die Zeit, in der die Order wirksam ausgeführt werden soll, bekannt gegeben werden.

DIE BUY-LIMIT-ORDER – KAUF-LIMIT-ORDER

Liegt der Kurs unterhalb des von Ihnen benannten Höchstkurses, können Sie eine Buy-Limit-Order durchführen. Der Trader wartet nun ab und hofft auf einen besseren Marktpreis als den aktuellen. Dafür muss er allerdings nicht den Kurs jederzeit im Blick behalten. Diese Anweisung wird dann, sobald das Limit erreicht ist, automatisch ausgeführt. Diese Market-Order wird gern als Unterstützungsmethode gewählt.

DIE SELL-LIMIT-ORDER (SHORT) – VERKAUF-LIMIT-ORDER

Die Sell-Limit-Order wird immer dann ausgeführt, wenn der Kurs den vom Trader voreingestellten Kurs überschreitet. Diese Methode wird vorzugsweise für den Verkauf als Maßnahme gegen Rückwirkungen gewählt.

DIE BUY-STOP-ORDER – KAUF-STOPP-ORDER

Geht ein Trader von einer Kurserhöhung aus, geht er zur Buy-Stop-Order über. Mit dem Einstieg wartet er allerdings noch ab. Er wählt zunächst ein von ihm favorisiertes Kursniveau, welches oberhalb des aktuellen Kurses liegt. Sobald dieses Niveau erreicht ist, platziert er die Order und geht somit auf Long. Allerdings wird diese Methode eher selten gewählt.

DIE SELL-STOP-ORDER – VERKAUF-STOPP-ORDER

Eine Sell-Stop-Order ermöglicht dem Trader ein Kursniveau festzulegen, welches sich unter dem momentanen Marktpreis bewegt. Sobald dieser Wert erreicht ist, führt er die Order aus. Da gibt dem Trader eine Short-Position. Er nutzt die Sell-Stop-Order, weil er weiterhin mit sinkenden Kursen rechnet. Dem vorausgesetzt ist, dass der Kurs mit dem vom Trader bestimmten und festgelegten Wert das Absteigen des Währungskurses eintritt.

DIE STOP-LOSS-ORDER – STOP-VERLUST-ORDER

Die Stop-Loss-Order legt ein Kurslimit fest, dass eine offene Position automatisch schließt. D. h., dass diese Stop-Order dem Trader zur Absicherung gegen höhere Verluste dient. Bereits während er die Order abgibt, kann er die Stop-Loss-Order zu jeder einzelnen Position einsetzen. Sofern es innerhalb kurzer Zeit zu starken Kursschwankungen kommt, kann er die Order auch für einen anderen Kurs anwenden als den zuvor bestimmten. Die Order wird einfach mit einem anderen, verfügbaren Kurs erledigt. Allerdings kann es auch passieren, dass der Kurs, der nun verfügbar ist, sogar noch schlechter ist als die eigentliche Stop-Loss-Order. Dies kann vorkommen, wenn der Markt sich gerade sehr schnell bewegt. Auch hier besteht also ein Risiko. Zudem kann es bei offener Position über einen längeren Zeitraum, beispielsweise einem Wochenende, ebenfalls zu Verlusten kommen. Je länger die Position offen ist, umso größer gestaltet sich das Risiko.

DER TRAILING-STOP

Wie bei der Stop-Loss-Order angeführt, ist diese eine Art der Risikominimierung und soll dazu dienen, den Trader vor allzu großen Verlusten zu bewahren. Wenn sich der Kurs jedoch in die vom Trader gewünschte Richtung entwickelt, so hat er die Möglichkeit, die Stop-Loss-Order auf den sogenannten Break-even-Point zu verlagern. Zumindest beendet diese Option den Trade ohne Verlust. Ist der Gewinn den vom Trader voreingestellten Werten gleich oder sogar höher, wird dieses Prozedere mit einem Trailing-Stop automatisch durchgeführt und die Stop-Loss-Order erfolgt. Der Stop-Loss verfolgt das Preisniveau und ermittelt so den Vergleich. Diese Methode ist eine Absicherung in lukrativerer Form.

DER TAKE-PROFIT – GEWINNAUSSCHÜTTUNG

„Nimm den Gewinn" ist also der Gegenspieler der Stop-Loss-Order. Der Take-Profit-Wert ermöglicht dem Trader, seinen Gewinn abzurufen.

Wie immer, erfolgt dies nach der vorher definierten Einstellung und Kursfestlegung. Die Position wird dann automatisch geschlossen, wenn der benannte Kurswert erreicht ist. Auch in diesem Falle besteht die Möglichkeit, den Take-Profit-Wert bereits während der Order einzustellen.

DIE ICEBERG-ORDER – EISBERG-ORDER

Bei dieser Order-Platzierung bleibt das tatsächliche Volumen den anderen Marktteilnehmern verborgen. Lediglich die „Spitze des Eisbergs“ ist zu erkennen. Institutionen wie Banken oder Versicherungen nutzen diesen Einblick und platzieren eine Eisberg-Order. Hiermit wird versucht, starke Kursschwankungen zu verhindern oder zumindest die Gefahr zu starker Kursbewegungen einzudämmen. Andere Marktteilnehmer können und werden meist von großen Handelsvolumen beeinflusst.

DIE HIDDEN-ORDER – VERSTECKTE ORDER

Sie ist die Steigerung zur Iceberg-Order. Das komplette Handelsvolumen bleibt verdeckt und ist für niemanden ersichtlich. Kein Marktteilnehmer hat nun Einsichten und kann erkennen, was der tatsächliche Wert ist. Die Hidden (versteckten) Orders müssen jedoch ein bestimmtes Mindestvolumen erfüllen. Selbstverständlich gibt es auch hier Regulierungen und diese werden von der ESMA (European Securities and Market Authority) festgelegt. Allerdings hat die sichtbare Order gegenüber dieser Variante immer Priorität. Ist das Preislimit gleich hoch, werden zunächst die sichtbaren Orders durchgeführt.

DAS ÖFFNEN UND DAS SCHLIEßEN EINER ORDER

Wenn ein Trader ein oder auch mehrere Lots kauft, nennt man diesen Vorgang eine Position eröffnen. Sobald er dies ausgeführt hat, ist er am Marktgeschehen beteiligt und damit verbunden. Mit dieser Order signalisiert er dem Broker „Ich bin dabei“ und der Broker erkennt ihn mit dem

Platzieren der Order als Teilnehmer an. Schließt der Trader die Position nun durch den Verkauf einer Long-Position oder den Kauf einer Short-Position, wird der Vorgang wieder geschlossen und der Trader verlässt den Marktplatz. Das Schließen einer Position wird auch als „Glattstellung" bezeichnet. Glattstellen heißt, die Position zu verlassen.

LONG GEHEN / SHORT GEHEN

Wer Long geht, kauft ein Finanzprodukt, wer Short geht, verkauft die Position. Diese beiden Begriffe sind an den Forex-Märkten gängige Alltagsbegriffe, wie Sie mittlerweile wissen. Das ist genau der Grund, warum Forex sich so großer Beliebtheit erfreut, können Sie am FX Markt sowohl vom Kauf als auch vom Verkauf profitieren. Fallende oder steigenden Kurse sind für einen Forex-Trader kein Horrorszenario, im Gegenteil. Er setzt seine Parameter und spekuliert einfach weiter. Sofern er damit rechnet, dass die Kurse steigen, kauft er die Währung, indem er auf Long geht. Hat er das sich selbst gesetzte Kursziel erreicht, verkauft die Währung wieder. Sofern der Trader nun mit sinkenden Kursen rechnet, geht er auf Short und verkauft zunächst einmal die Währung. Bei diesem Vorgang ist es gar nicht wichtig, ob er Einheiten dieser Währung wirklich besitzt, denn der Verkauf wird vom Broker für ihn getätigt. Wenn die Position nun geschlossen wird, muss der Trader die Währung dann jedoch vom Broker zurückkaufen.

Beim Devisenhandel gehen Sie immer auf Long oder auf Short. Dies resultiert aus dem Fakt, dass Sie immer mit Währungspaaren handeln. Eine Währung ist Long, die andere Short. Beispiel:

Kaufen Sie beispielsweise USD und bezahlen mit EUR, gehen Sie somit Long auf EUR/USD. Hierbei gehen Sie zeitgleich Short auf EUR, da Sie mit dem Euro den US-Dollar bezahlt haben. Umgekehrt geht dies genauso.

BASISWÄHRUNG UND KURSWÄHRUNG

Da im Devisenhandel immer mit Währungspaaren gehandelt wird, bezeichnet man die erstgenannte Währung eines Paares als Basiswährung

(Base Currency) und die nebenstehende Währung als Kurswährung (Quote Currency). Die Basiswährung ist die, mit der Sie die Währung kaufen und die Kurswährung ist die, mit der Sie die Währung bezahlen.

Beispiel beim Währungspaar EUR/USD: Kaufen Sie den Euro und bezahlen mit US-Dollar, gehen Sie Long. Dieser Kurs bezeichnet dann den Kaufpreis in US-Dollar für einen Euro.

CROSS CURRENCIES

Währungspaare, die den US-Dollar beinhalten, nehmen am Devisenmarkt das größte Handelsvolumen ein. Die Hauptwährungen sind Ihnen bekannt, jedoch machen rund 80 % aller Handelsaktivitäten am Devisenmarkt den Handel mit dem US-Dollar aus. Währungspaare ohne den US-Dollar bezeichnet man als Cross Currencies. Diese werden mit den verbleibenden 20 % gehandelt und weisen entsprechend ein viel geringeres Handelsvolumen auf. Dies ist auch der Grund dafür, warum es bei den Cross Currency-Paaren in der Regel zu hören Spreads kommt und diese für Anfänger recht risikoreich sind.

ÜBER UNTERSTÜTZUNGEN UND WIDERSTÄNDE IN EINER CHARTANALYSE

Mit der Bezeichnung Widerstand und Unterstützung beschreibt man den Zustand über die Kursverläufe in einer Chartanalyse. Befindet sich ein Kurs im Aufwärtstrend, kann jedoch einen bestimmten Kursstand nicht überschreiten, so sprechen die Trader von einem Widerstand. Irgendwie bleibt der Kurs irgendwo immer hängen und kommt über diese Barrieren nicht hinaus und „hängt". Der Kurs driftet aus irgendeinem Grund immer wieder nach unten ab.

Irgendwann jedoch schafft es der Kurs, dem Widerstand entgegenzuwirken und springt über den bestimmten Wert hinaus. Das ist dann das Kaufsignal für den Trader. Der Widerstand wurde gebrochen und ab hier spricht man von Unterstützung. Beide Faktoren sind gleichermaßen

Barrieren, die es dem Kurs für eine Weile unmöglich machen, gegen diese anzukommen. Der Kurs bewegt sich zwar zum Ziel hin, schafft aber den Durchbruch nicht. Die beiden Zustände, ganz gleich ob Unterstützung oder Widerstand, sind für einen Trader eine geeignete Entry- oder Exit-Strategie und diese Einstiegs- und Ausstiegspunkte helfen ihm dabei, eine Entscheidung zu treffen. Somit liefert der Chart mit seinen Unterstützungs- und Widerstandssignalen dem Trader eine hervorragende Möglichkeit, Handlungsentscheidungen zu treffen, ohne auf weitere Hilfsmittel zugreifen zu müssen. Es steht jedem Trader frei, weitere Indikationen zu verwenden, jedoch liefern diese beiden Parameter schon eine gute Grundlage für die Entscheidungsfindung, geben sie doch sehr wichtige Aufschlüsse über künftige Kursentwicklungen. Beachten Sie hierbei – je größer der zu betrachtende Zeitraum ist, umso wichtiger werden die Level der Unterstützungs- oder Widerstandsparameter.

SCALPING

Mit dem sogenannten Scalping verfolgen die Trader das Ziel, zwar kleine, aber dafür viele Gewinne zu erzielen, indem Sie die Positionen nur kurz offenhalten. Dabei halten sie die Positionen für maximal zwei Minuten offen, meist sogar nur einige Sekunden. Dann werden Sie wieder geschlossen. Überdauert der Zustand einer offenen Position mehr als zwei Minuten, spricht man von **Intraday-Trading**. Scalping bedeute somit das Zeitfenster eines offenen Positions-Intervalls von maximal zwei Minuten. Damit diese Strategie sich als lukrativ bezeichnen lässt, ist eine Vielzahl an Positionen und eine große Hebelwirkung erforderlich. Ansonsten liegen die Gewinne bei viel zu wenigen Pips pro Trade und das ist für die Marktteilnehmer eher uninteressant. Maßgeblich entscheidend für den Erfolg ist hierbei auch die Lot-Größe. Natürlich können Sie auch mit einem Micro-Lot Gewinne erzielen, aber diese sind, wie gesagt, eher gering. Mit einem Standard-Lot lassen sich höhere Gewinnsummen erzielen und werden diesbezüglich auch häufiger angewendet. Allerdings ist diese Strategie wieder eher etwas für die Profis. Der hohe Hebel und die sehr großen Lots, mit denen hier verfahren wird, bergen für einen Anfänger am Forex-Markt das Risiko, dass er sein Handelskapital sehr schnell aufbraucht und das führt dann zur Frustration, die, wie wir wissen, keine gute Grundlage für ein entspanntes und emotionsloses Handeln ist. Diese Form des Tradens erfordert eine Menge Erfahrung, starke Nerven und ein großes Maß an Disziplin. Nur mit der entsprechenden Stärke und ausgeprägten Kenntnissen sollte sich ein Trader an diese Strategie heranwagen, um sie effizient für sich nutzen zu können.

Bei dieser Form der Strategie werden kaum Stop-Loss-Orders oder Take-Profit-Werte verwendet. Es dauert viel zu lange, diese zu bestimmen und das birgt eben das besagte Risiko, welches nicht unterschätzt werden sollte. Geübte „Scalper“ sind sich dessen bewusst und haben entsprechende Erfahrungswerte, ein Laie nicht.

CHANCE-RISIKO-VERHÄLTNIS

Dieses Verhältnis steht für den Vergleich zwischen dem möglichen Gewinn zum eingesetzten Kapital. Als Chance wird der Wert, den Sie mit dem geplanten Trade realisieren können, bezeichnet und als Risiko bezeichnet man den Einsatz, den man mit diesem Trade anzieht.

Wenn Sie nun zum Beispiel 30 Euro einsetzen und das Kursziel 50 Euro sein soll, wird das Chance-Risiko-Verhältnis auf 50:20 benannt.

DIE BERECHNUNG DES „RETURN ON INVESTMENT"

Der **ROI,** auch Kapitalrendite, beschreibt das Verhältnis vom investierten Kapital zum erzielten Gewinn. Mit diesem Return on Investment kann man also bemessen, wie rentabel eine Investition gewesen ist. Beim Forex Trading wird der ROI ermittelt, indem man feststellt, wie profitabel die Gewinne in einer zurückliegenden Zeitspanne gehandelt wurden. Der Trader wählt hier zwischen zwei Möglichkeiten. Beispielsweise berechnet er den ROI für jeden einzelnen Trade oder bemisst den Gewinn anhand der Zeiträume. Hier zwei Beispiele:

Der einzelne Trade:

Investieren Sie beispielsweise für einen Trade 60 Euro und erzielen Sie mit diesem Trade 65 Euro, so liegt der ROI bei 10 %.

Der Zeitraum:

Bemessen vom Anfang bis zum Ende eines Monats. Sind Sie zu Beginn des Monats mit 600 Euro gestartet und haben am Ende des Monats 700 Euro erwirtschaftet, liegt der ROI bei 20 %.

Die Fundamentalanalyse

Diese Analyse berücksichtigt zahlreiche Wirtschaftsdateien. Somit werden Veränderungen bei der wirtschaftlichen Entwicklung ermittelt. Man betrachtet u. a. das Verbraucherverhalten, Finanznachrichten und deren Konsequenzen, Produktionskapazitäten und Arbeitsmarktzahlen. Mit dieser Analyseform ist man in der Lage, die vergangenen Kursbewegungen zu ermitteln und ggf. zukünftige Bewegungen besser zu deuten. Die Fundamentalanalyse dient vorrangig als Werkzeug für mittel- und langfristige Prognosen und beweist sich hierbei als sehr hilfreich. Viele Trader schätzen von daher auch die Bedeutung dieser technischen Analyse, obgleich Sie natürlich wissen, dass die Wirtschaftlichkeit eines Landes gleichwohl den Wert der Währungen sehr stark bestimmt. So ist der Devisenhandel – verändern sich die Wirtschaftsverhältnisse, verändert sich auch der Wert der Kurse. Deshalb ergibt es Sinn, sich im Devisenhandel nicht nur auf diese Analyseform zu verlassen. Der Währungsmarkt ist von vielen Faktoren abhängig und kurz vor oder kurz nach Bekanntgabe wichtiger Wirtschaftsneuigkeiten unterliegt der Markt, so auch der Forex-Markt, immer größeren Schwankungen, welche von keiner technischen Analyse vorausgesagt werden können. Informiert zu sein, ist im Handelsgeschäft zwar essenziell, aber das Geheimnis des Erfolgs liegt wohl irgendwo dazwischen.

Die technische Analyse

Durch die Auswertungen vorausgegangener Kurse will man die zukünftigen Preisentwicklungen prognostizieren. Die technische Analyse soll hierbei helfen. Das ist auch genau der Grund, weshalb viele Trading-Strategien mit Hilfe technischer Analyse-Tools initiiert werden. Dazu verwendet man die Kurscharts und viele weitere technische Indikatoren. Die technische Analyse ist ein effektives Hilfsmittel und bei den Prognosen haben sich wiederkehrende Muster aus den Perioden der Kursentwicklung gezeigt und sind deutlich erkennbar. So entscheidet sich auch die Frage nach dem richtigen Analyse-Indikator, abhängig von dem Zeitfenster, in dem man handelt. Die Kurscharts werden häufig von den Intraday-Tradern verwendet, da diese über ein kürzeres Zeitintervall verfügen, während Wochen-Trader gern auf technische Indikatoren zurückgreifen, die mehr als Bestätigung ihrer Handelsentscheidungen fungieren. Für welche Maßnahme Sie sich auch entscheiden, am besten ist es immer, informiert zu sein, so viele Indikatoren wie möglich zu nutzen und in Ihre Handelsentscheidungen einfließen zu lassen.

SLIPPAGE

Als Slippage wird die Abweichung bezeichnet, die in dem Moment entsteht, wenn Sie gerade eine Marktet-Order eröffnen möchten und der Broker just in dieser Sekunde gerade dabei ist, die Kurse neu zu positionieren. Dieses Phänomen ergibt sich in beiden Situationen. Es ist unabhängig davon, ob es gerade bei zurückgehender Marktliquidität vorkommt, also wenn gerade viele Marktteilnehmer eine Entwicklungsphase abwarten, bevor sie ihre Order platzieren, oder ob eine sehr hohe Volatilität vorherrscht. Es besteht die Chance auf eine positive Slippage genauso wie für das Negativ-Pendant. Je nach Broker und so wie er es zulässt, kann man also durchaus von einer negativen Abweichung profitieren.

VOLATILITÄT

Wir haben es schon gehört: Die Volatilität ist die Kursschwankungen während eines Zeitraums unterworfen. Auf dem sehr liquiden Devisenmarkt kommen diese Schwankungen häufig vor. Das ist eines der Erfolgsgeheimnisse des Forex-Trading-Business. Die Trader versuchen, diese Schwankungen zum Zweck der Gewinnmaximierung zu nutzen und erhoffen sich, Vorteile daraus ziehen zu können. Gewinn oder Verlust? Das Risiko schwingt bei volatilen Märkten immer mit. Dazu kommt beim Devisenhandel auch noch als Faktor in Betracht, dass die unterschiedlichen Währungspaare natürlich auch unterschiedlich starken Schwankungen unterliegen. Das macht nachvollziehbar, dass unterschiedliche Handelsstrategien eine unterschiedliche Volatilität benötigen.

Die Handelsplattform

Wer traden möchte, braucht einen Zugang über eine Handelsplattform. Daran führt kein Weg vorbei. Man nennt diese Plattformen auch Trading-Oberfläche. Die meisten Broker bieten den MetaTrader als Handelsplattform an. Einige haben auch eine eigene Software. Über die Vorteile des MetaTrader 4 haben Sie bereits einiges erfahren. Andere Broker wiederum verfügen über eine Web-Oberfläche. Der MetaTrader jedoch wird von den meisten Brokern verwendet. Zwar weisen die Plattformen einige Unterschiede in der Art der Ausstattung, Nutzungsbedingungen, technischen Indikatoren und Handels-Automatismen auf, aber die Funktionsweisen sind dann doch alle sehr ähnlich. Zudem bieten Ihnen fast alle Broker auch eine Handels-App für Ihr Smartphone oder Tablet an.

DEALING-DESK-BROKER

Den Begriff Dealer kennen viele aus dem Casino. Genauso verhält sich ein dealender Broker. Er dealt mit dem Trader direkt um die Kursschwankungen. Da der Dealing-Desk-Broker erst jede Order manuell überprüft, kommt es hierbei unter Umständen zu Verzögerungen, der sogenannten Requote. Dann wird der Kurs neu ermittelt, was sich zum Nachteil des Traders auswirken kann. Die Broker gehen in der Regel so vor, dass Sie eine Gegenposition zur Kundenorder eröffnen, was die Gewinnerhöhung forcieren soll. Alles hat Vor- und Nachteile. Hier könnte man sagen, ein Vorteil beim Dealing-Desk-Broker kann sein, dass dieser mit fixen Spreads arbeitet.

NON-DEALING-DESK-BROKER

Dieser Broker leitet alle Aufträge der Kunden direkt in den Markt. Er nimmt also nicht die Gegenposition zur Kunden-Position ein. Seine Einnahmen resultieren also nur am Spread und dieser ist, je nach Liquidität des

Marktes, unterschiedlich hoch. Es gilt also, hier ein Augenmerk auf die Kosten zu legen. Der Non-Dealing-Desk-Broker agiert real und deckt die gesamte Breite des Marktes ab. Mit Sicherheit ist es eine Vertrauens- und Mentalitätsfrage, wie ein Trader sein Kapital einsetzen möchte. Ein Non-Dealing-Desk-Broker ist ein „realer" Broker, der keine Gegenposition zu Ihnen einnimmt. Sein Verdienst basiert nicht aus Ihrem Verlust und er bietet auch fairere Kurse als ein Dealing-Desk-Broker an. Das lässt die Vermutung zu, bei einem Non-Dealing-Desk-Broker besser aufgehoben zu sein.

WILLIAM LAKEFIELD

Alles Wichtige zusammengefasst

Wie erzielt man mit dem Devisenhandel Gewinne? Bedingt durch seine Internationalität, Größe und Liquidität bietet der Devisenhandel, auch dank seiner vielfältigen Strategiemöglichkeiten effiziente Umsetzungsmodelle für maximale Gewinne. Diesbezüglich ermöglichen sich aus den periodischen Wechselkursschwankungen effektive Chancen. Ganz gleich, ob Sie mit kurzfristigen Tagesansätzen oder Multi-Sessions an den Markt herangehen. Im Devisenhandel ist Flexibilität gefragt – hier liegt die Beschränkung auf Gewinn nicht bloß darauf, möglichst niedrig zu kaufen und die Devisen dann wieder mit einem höheren Kurs zu verkaufen. Sowohl die Long- als auch die Short-Positionen machen es den Tradern möglich, ihre Handelsmöglichkeiten enorm auszuschöpfen. Egal, wie die Einschätzung eines Währungsverlaufs auch steht, ob angenommen wird, dass der Wert des Kurses steigt oder nicht, sie profitieren von diesem System und das Renditepotenzial wird davon genauso wenig beeinflusst wie die Handelsoptionen. Wie Sie auch kaufen, Gewinne sind davon völlig unabhängig und werden davon nicht beeinflusst.

Wie wird der Forex-Gewinn berechnet?

Wie in jedem anderen Geschäft ergibt sich auch beim Forex-Trading der Profit aus dem Gewinn – immer abzüglich aller entstandenen Kosten. Der Unterschied liegt hierbei nur darin, dass die Kosten begrenzt und somit Gewinn und Verlust leicht zu errechnen sind. Durch eine regelmäßige Überprüfung Ihrer Daten auf Ihrer Handelsplattform ersehen Sie Ihre Fakten und können diese steuern. Bei MetaTrader 4, Trading Station, Zulu Trade oder Ninja Trader werden Ihre Einnahmen und Ausgaben auf Pip-by-Pip Basis errechnet und mit jeder neuen Marktbewegung automatisch aktualisiert.

Wie viel Startkapital braucht man?

Bei vielen Brokern können Sie schon ab 300 € traden. Bedenken Sie jedoch die Zusatzkosten für Spreads, Kommissionen und nicht zuletzt für die technischen Hilfsmittel und Lehrbücher.

Erlernen Sie die Grundlagen

Immer wieder kommt dieser Ratschlag, denn ohne Grundkenntnisse werden Sie kaum erfolgreich traden können. Es gibt bei den Brokern und generell im Netz nicht nur viele Lehrbücher, sondern auch Erklärvideos. Schauen Sie sich diese an und informieren Sie sich eingehend, eignen Sie sich ein gewisses Grundverständnis an. Beim Devisenhandel spekuliert man darauf, dass eine Währung gegenüber der anderen Währung im Wert steigt oder umgekehrt.

Verinnerlichen Sie sich die gängigen Begriffe und Ausdrucksformen. Das ist wichtig, denn nur so können Sie nachvollziehen, was mit Ihrem Kapital passiert. Was Pips, Lots, Spreads, Stop-Loss-Order etc. bedeuten, müssen Sie unbedingt wissen. Was sind Margins, Hebel oder der Take-Profit. All diese Begriffe sind essenziell für Sie. So können Sie nachvollziehen, was passiert und nur so können Sie Ihrer Trading-Leidenschaft mit gutem Gewissen nachgehen: Mit dem Wissen, dass Sie die Kontrolle über Ihre eigene Handlungsweise haben.

WER IST DER RICHTIGE BROKER FÜR MICH?

Den Broker Ihres Vertrauens zu finden ist schwierig und einfach zugleich. Im Web finden Sie viele Forex-Broker. Schauen Sie sich deren Seiten gut an, lesen Sie die Handelsbestimmungen und vergleichen Sie die Preise für Kommissionen und Spreads. Auch das Handelsangebot ist ausschlaggebend, die Handelsplattform und der Kundenservice. Überprüfen Sie die Seriosität und Sicherheitsbedingungen der Broker. Was gibt der Broker an Informationen preis? Wie geht er auf Sie ein? Welche (kostenlosen) und kostenpflichtigen Tools werden geboten und wie liegen hier die Preisunterschiede? Was bieten Ihnen die Tools?

DAS DEMOKONTO

Haben Sie sich für einen Forex-Broker entschieden, eröffnen Sie ein Demokonto. Nun können Sie sich in aller Ruhe mit den Programmen, den Begebenheiten und Möglichkeiten bei Ihrem Broker vertraut machen. Und natürlich – ganz wichtig – können Sie sich hier ohne Risiko das Traden mit all seinen Facetten erlernen. Üben Sie sich in Ihren Strategien und Handlungsweisen. Wenn Sie sich sicher fühlen, können Sie ein echtes Konto eröffnen.

Tipp: Auch wenn Sie bereits ein Konto eröffnet haben und am realen Marktgeschehen mit Ihrem Eigenkapital teilnehmen, können Sie immer noch in Ihrem Demokonto üben und Ihre Kenntnisse vertiefen und an neuen Strategien feilen und diese ausprobieren. Beim Forex-Trading gilt nach wie vor: learning by doing!

Schlussendlich geht es darum, Ihren Stil zu finden und eine Strategie zu wählen, die zu Ihnen passt. Wenn eine Strategie sich bewährt (bedeutet auch, dass diese evtl. einmal ein paar Verluste einfährt), versuchen Sie dennoch, dabei zu bleiben. Verlassen Sie sich auf Ihre Tools und eignen Sie sich tiefgründigeres Wissen an. Tauschen Sie sich mit anderen aus. Die Trader-Community kann Ihnen helfen, Ihr Wissen schnell zu vertiefen. Instinkt zu entwickeln, ist eine Sache, sich permanent verleiten zu lassen, eine andere. Machen Sie keine unüberlegten Aktionen, lernen Sie aus den Geschehnissen. Ihre Emotionen sind keine Trading-Strategie und können unter Umständen zu Fehlentscheidungen führen. Legen Sie Ihre Strategie auf auswertbare und statistische Belege.

EXOTISCHE WÄHRUNGSPAARE

Anfängern ist dringend anzuraten, von exotischen Währungspaaren Abstand zu nehmen. Vermeiden Sie es, mit diesen Währungen zu traden. Sie unterliegen oft großen Schwankungen und auch die Spreads sind meist recht teuer. Beziehen Sie sich auf die Hauptwährungspaare, die sogenannten Majors, und überlassen Sie den Profis die Exoten. Wagen Sie sich an diese erst mit entsprechenden Erfahrungswerten heran. Majors schwanken im Kurs nicht so stark und haben oft niedrigere Spreads zu verbuchen. Das ist die ideale Startbasis für Sie.

IHRE EIGENE ANALYSE

Für erfolgreiche Trades und eine langfristige Basis ist es wichtig, dass Sie Ihre Trades analysieren und dokumentieren. Nur so können Sie herausfinden, warum ein Trade erfolgreich war oder nicht. Überlegen Sie sich die Fragestellung dazu und versuchen Sie, sich diese selbst zu beantworten. Welche Signale haben Sie dazu veranlasst, einen Trade auszuführen? Hat sich meine Strategie unterwegs verändert? Wenn ja, warum habe ich mich dazu entschlossen? Wann hätte ich eine Stop-Loss-Order oder evtl. den Take-Profit anpassen können? Habe ich die Nachrichten auf die Kursbewegungen richtig gedeutet? Was kann ich beim nächsten Trade verändern? Wo liegt eine Verbesserung meiner Strategie zugrunde? So oder so ähnlich sollte Ihr Fragenkatalog an sich selbst aussehen. Nur mit der Analyse und der entsprechenden Dokumentation kommen Sie den Dingen auf den Grund. Entwickeln Sie Ihr persönliches System und wenden Sie es immer an, auch wenn Sie den Broker wechseln sollten. Dieser kleine Fragebogen gilt selbstverständlich nicht nur für eine Verlustanalyse. Auch wenn Sie gewinnen und gerade dann ist es wichtig zu wissen, was dazu beigetragen hat, um es beim nächsten Mal wieder anzuwenden.

DER STAND DER DINGE

Die Forex-Welt ist schnelllebig, daher ist es von großer Bedeutung immer auf dem aktuellen Stand zu sein. Viele unterschiedliche Faktoren und Einflüsse steuern die Geschehnisse des Währungskurses und beeinflussen diesen. Vor allem haben politische Nachrichten einen großen Einfluss auf die Währungskurse der jeweiligen Länder und verursachen somit Schwankungen. Wie stark diese sind, hängt von der Situation und der Nachricht ab. Bleiben Sie also informiert über das Weltgeschehen. Oft stellen Ihnen die Broker auch die wichtigsten und relevantesten Neuigkeiten auf Ihren Portalen zur Verfügung, schenken Sie diesen Nachrichten Beachtung, dienen diese doch als Signale und sie zeigen Wirkung. So können Sie schnell reagieren und entsprechend der Umstände handeln.

TAGESPLAN UND ZIELSETZUNG

In jedem Ablauf, der Erfolg bringen und sich zu unseren Gunsten auswirken soll, ist es nötig, einen Plan zu bringen und nicht einfach aufs Geratewohl loszulegen. Das ist im Kleinen wie im Großen so und wenn Sie an Ihren Job denken, planen Sie ebenfalls und haben eine Zielsetzung. Ganz gleich ist das beim Forex-Trading. Arbeiten Sie strukturiert und durchdacht, kommen Sie zu einem positiven Ergebnis. Halten Sie sich an Ihren festgelegten Plan und verfolgen Sie ihn, denn kein noch so guter Stratege wird am Ziel angelangen, wenn er seiner Strategie nicht auch folgt.

Geben Sie sich eine Auszeit und holen Sie Luft. Pausen sind auch wichtig. Essen Sie etwas und erholen Sie sich, ganz wie in Ihrer Mittagspause. Verschnaufpausen dienen der Erholung und kurz abzuschalten, neue Energie zu tanken, einen freien Kopf zu bekommen, bewirkt oftmals Wunder und bringt vielleicht eine zündende Idee. Planen Sie Ihren Forex-Tag genauso wie Ihren Arbeitsalltag, es ist nichts anderes. Es ist ein Job und geht um Ihr Einkommen. Jeder Trade löst eine Emotion in Ihnen aus – positiv wie negativ. Das kostet Kraft und muss verarbeitet werden. Versuchen Sie, Emotionen weitgehend aus Ihrem Trading-Tag herauszuhalten. Zugegeben, nicht immer leicht, aber auch hier bringt die Übung in Disziplin den Erfolg. Machen Sie Ihren Plan, ob für den Tag, die Woche, den Monat, und versuchen Sie, sich daranzuhalten. Die Welt besteht nun nicht ausschließlich noch aus Ihrer Forex-Aktivität. Machen Sie auch einmal Feierabend.

Fazit

Forex offeriert den Tradern hohe Gewinnchancen. Da der Devisenhandel jedoch grundlegende Kenntnisse erfordert, eignet er sich nicht für Anfänger. Die hohen Risiken beim Forex-Trading sind nicht zu verachten und Laien ist vom Handel auf einem Exchange-Markt unbedingt abzuraten. Sich blind in eine unbekannte Welt zu begeben, führt leicht zu unbedachten Bewegungen und kann mit einem freien Fall enden. Das sollten Sie unbedingt berücksichtigen und nur am realen Marktgeschehen teilnehmen, wenn Sie das eingesetzte Kapital auch verschmerzen können und sich mit einer Handelsaktivität nicht in finanzielle Bedrängnis bringen. Am Devisenmarkt zu spekulieren ist kein Spiel. Es geht um Ihr gutes und meist auch hart verdientes Geld. Vergessen Sie das nicht. Bleiben Sie realistisch, überschätzen Sie sich nicht und verlassen Sie sich nicht auf Ihr Glück.

Der Erfolg beim Forex-Trading ist maßgeblich von Kenntnissen geprägt und beruht auf Wissen und Erfahrungswerten sowie technischen Hilfsmitteln und einer ständigen Informationsbereitschaft. Es ist leicht und ganz einfach in den Forex-Markt einzutreten und die Einstiegsbarrieren sind sehr gering. Sie liegen niedriger als bei den meisten anderen Finanzmärkten. Deswegen konnte der Markt so schnell wachsen und wächst stetig weiter. Für viele Trader wurde das Hobby zum Beruf. Beim Forex-Trading werden Ihnen viele technische Analyse-Tools gratis zur Verfügung gestellt. Durchstöbern Sie die Webseiten der Broker mit allen Vor- und Nachteilen und wägen Sie diese ab. Gebühren, Kommissionen, Tools, Spreads und Co. Ein guter und zuverlässiger Kundenservice sollte eine Selbstverständlichkeit sein und Ihr Anliegen muss Gehör finden. Niemand kann zaubern und niemand hat eine Glaskugel, die im Handumdrehen die Lösung parat hat. Beim Trading am Forex-Markt brauchen Sie gute Nerven und viel Wissen. Sie müssen lernen und sich ausbilden, weiterbilden. Erfahrungen sammeln und die richtigen Tools verwenden. Ihre Strategien erarbeiten und einsetzen und diesen treu bleiben, Emotionen weitgehend ausschalten und im richtigen Moment die richtige Entscheidung treffen. Das erfordert einen kühlen Kopf. Zum richtigen Zeitpunkt aktiv zu werden und die Kauf- und Verkaufssignale zu erkennen und richtig zu deuten, das sind die Parameter, auf die Sie großen Wert legen müssen, um am FX-Markt erfolgreich zu sein. Beobachten Sie die Kaufsignale der Wochencharts, setzen Sie sich massiv mit dem Markt auseinander. Nur so können Sie hohe Verluste vermeiden und langfristig erfolgreich traden. Mit Spaß und Freude bei der Sache und nicht unter Druck und Zwang. Gönnen Sie sich Ruhe und nehmen Sie auch mal Auszeiten. Und nicht vergessen – Sie lernen nie aus, üben Sie immer weiter und vertiefen Sie Ihr Wissen.

Mit einem Demokonto üben Sie mit simuliertem Kapital zu realen Marktbedingungen. Machen Sie das so lange, bis Sie sich sicher sein können, genug über die Forex-Märkte in Erfahrung gebracht zu haben und wichtige Analyse-Tools und deren Funktionsweise verstanden haben. Verschaffen Sie sich einen Kostenüberblick der unterschiedlichen Broker und Plattformen und vergessen Sie nie, Ihr Risikomanagement einzusetzen! Überstürzen Sie nichts und wenn Sie sich überfordert fühlen, lenken Sie sich ab. Disziplin, Disziplin und noch einmal Disziplin. Wenn Sie Ihre Emotionen nicht „im Griff" haben und zu wenig informiert sind über die Bedingungen und Marktverhältnisse, werden Sie kein schnelles Geld verdienen und erst recht kein Vermögen anhäufen. Träume können schnell platzen, aber mit Strategie und Disziplin, Wissen und Erfahrung kann man sich in die Lage versetzen, seine persönlichen Ziele zu erreichen. Dabei wünsche ich Ihnen viel Erfolg.

Literatur

https://www.fxcm.com/de/forex/was-ist-forex/

https://www.kagels-trading.de/kostenlose-forex-trading-tools/

https://www.cmcmarkets.com/de-de/forex-trading-lernen/was-ist-forex

https://www.financescout24.de/wissen/ratgeber/forex#so-funktioniert-der-forex-trade

https://admiralmarkets.de/start-trading/forex-demo?utm_source=google&utm_medium=cpc&utm_campaign=DE_DE_remarketing_display&utm_content=reg-form-not-submitted-30d&utm_term=responsive_demo_ad&gclid=EAIaIQobChMIyJDjtNyU6QIV-tjDTCh1dmQfqEAEYASAAEgL55PD_BwE

https://www.avatrade.de/about-avatrade/trader-benefits/new-accounts-promotion-eu

https://admiralmarkets.de/wissen/articles/trading-software/forex-cfd-tools-welche-forex-trading-tools-sind-die-besten

https://pepperstone.com/de?utm_source=google&utm_medium=cpc&utm_campaign=de-category-forex-bmm&gclid=EAIaIQobChMIwaTK-pqY6QIVbIBQBh1T8gDxEAAYASAAEgLk5vD_BwE

https://www.whselfinvest.de/de-de/trading-plattform/kostenlose-trading-signale/05-candlesticks-hammermuster-chartformation?whref=d-google-ta&gclid=EAIaIQobChMIweWmpKGY6QIVhKZ3Ch3TU-AaaEAAYAiAAEgI9KvD_BwE

https://www.online24.de/forex-grundlagen/forex-risikomanagement

https://www.rechnungswesen-verstehen.de/lexikon/korrelation.php#Heutige_Bedeutung_von_Korrelation

https://www.forex.de/bullisch-und-baerisch/

https://www.brokervergleich.de/wissen/aktienratgeber/charttechnische-strategien/

https://www.forex.de/

Wir danken Ihnen für Ihr Interesse und Ihr Vertrauen. Als Dankeschön dafür, haben wir eine besondere Überraschung. Wir haben einen **ultimativen Leitfaden für Einsteiger ins Aktien- und Börsengeschäft** für Sie. Und dieses erhalten Sie vollkommen kostenlos. Das klingt wunderbar? Dann warten Sie nicht lange und holen Sie sich Ihr Gratis-Geschenk.

Hier geht es zu Ihrem Gratis-Geschenk:

https://forms.gle/gduy3doWN5ejuaub9

1. **Öffnen Sie die Kamera-App auf Ihrem Smartphone und richten Sie die Kamera auf den QR-Code.**
2. **Klicken Sie auf den Link, der Ihnen angezeigt wird und schon werden Sie zur Website weitergeleitet.**

Impressum

Herausgeber: Pegoa Global Media GmbH / Am Sandtorkai 27 / 20457 Hamburg
Kontakt: kontakt@pegoamedia.de
Coverbild: Shutterstock

Haftungsausschluss:
Die Nutzung dieses Buches und die Umsetzung der enthaltenen Informationen, Anleitungen und Strategien erfolgt auf eigenes Risiko. Der Autor kann für etwaige Schäden jeglicher Art aus keinem Rechtsgrund eine Haftung übernehmen. Haftungsansprüche gegen den Autor für Schäden materieller oder ideeller Art, die durch die Nutzung oder Nichtnutzung der Informationen bzw. durch die Nutzung fehlerhafter und/oder unvollständiger Informationen verursacht wurden, sind grundsätzlich ausgeschlossen. Rechts- und Schadenersatzansprüche sind daher ausgeschlossen. Dieses Werk wurde sorgfältig erarbeitet und niedergeschrieben. Der Autor übernimmt jedoch keinerlei Gewähr für die Aktualität, Vollständigkeit und Qualität der Informationen. Druckfehler und Falschinformationen können nicht vollständig ausgeschlossen werden. Es kann keine juristische Verantwortung sowie Haftung in irgendeiner Form für fehlerhafte Angaben vom Autor übernommen werden. Die bereitgestellten Analysen, Vorschläge, Ideen, Meinungen, Kommentare und Texte sind ausschließlich zur Information bestimmt und können ein individuelles Beratungsgespräch nicht ersetzen. Alle Informationen dieses Buches entsprechen dem Kenntnisstand zum Zeitpunkt des Verfassens dieses Buches. Eine Haftung für mittelbare und unmittelbare Folgen aus den Informationen dieses Buches ist somit ausgeschlossen.
Informieren Sie sich weitläufig aus unterschiedlichen Quellen und bedenken Sie, dass am Ende nur Sie für die Entscheidungen verantwortlich sind.

Haftung für externe Links:
Unser Angebot enthält Links zu externen Websites Dritter, auf deren Inhalte wir keinen Einfluss haben. Deshalb können wir für diese fremden Inhalte auch keine Gewähr übernehmen. Für die Inhalte der verlinkten Seiten ist stets der jeweilige Anbieter oder Betreiber der Seiten verantwortlich. Die verlinkten Seiten wurden zum Zeitpunkt der Verlinkung auf mögliche Rechtsverstöße überprüft. Rechtswidrige Inhalte waren zum Zeit-punkt der Verlinkung nicht erkennbar.